Beichte
Sakrament der Barmherzigkeit

Päpstlicher Rat zur Förderung
der Neuevangelisierung

Beichte
Sakrament der Barmherzigkeit

Jubiläum der Barmherzigkeit
2015–2016

Aus dem Italienischen von Monika Ottermann

Schwabenverlag

VERLAGSGRUPPE PATMOS

PATMOS
ESCHBACH
GRÜNEWALD
THORBECKE
SCHWABEN

Die Verlagsgruppe
mit Sinn für das Leben

Für die Schwabenverlag AG ist Nachhaltigkeit ein wichtiger Maßstab
ihres Handelns. Wir achten daher auf den Einsatz umweltschonender
Ressourcen und Materialien.

Umschlaggestaltung: Finken & Bumiller, Stuttgart
Umschlagabbildung: © kna-bild.de 155933
Satz: Schwabenverlag AG, Ostfildern
Druck: GGP Media GmbH, Pößneck
Hergestellt in Deutschland
ISBN 978-3-7966-1687-7

Zum Geleit

Mit der Ausrufung eines außerordentlichen Jubiläums, in dessen Zentrum die Barmherzigkeit Gottes steht, hat Papst Franziskus es als „eine neue Etappe des Weges der Kirche in ihrer Sendung, das Evangelium der Barmherzigkeit zu allen Menschen zu bringen" charakterisiert. Er fügte hinzu: „Ich bin überzeugt, dass die ganze Kirche [...] in diesem Jubiläum die Freude finden wird, die Barmherzigkeit Gottes neu zu entdecken und fruchtbar zu machen. Alle sind wir berufen, mit ihr jedem Menschen unserer Zeit Trost zu spenden" (Homilie im Petersdom, 13. März 2015).

Wir möchten hier einen Beitrag anbieten, der diesen Erwartungen entspricht, und erinnern daran, dass „das Evangelium die in Jesus Christus ergangene Offenbarung [ist], dass Gott mit den Sündern Erbarmen hat" (KKK 1846). So bieten wir in diesem Band einige Reflexionen an, um das Sakrament der Beichte besser zu verstehen, das Sakrament derjenigen, die in Christus die barmherzige Liebe Gottes erfahren. Die ersten vier Kapitel zeigen einen vorzüglichen biblischen Ausschnitt: Die Argumentation verläuft durch vier Texte, einen aus jedem Evangelium, in denen die Themen der Barmherzigkeit, Sündenvergebung und Umkehr von Jesus ins Zentrum seines Lehrens und Wirkens gestellt werden. In den nachfolgenden Kapiteln überwiegt dann die mehr systematische und seelsorgerische Reflexion, um ein angemesseneres Verständnis des Sakraments zu fördern.

Heutzutage stellen wir ziemlich allgemein eine diffuse Entfremdung gegenüber der Beichtpraxis fest. Die Gründe sind schon oft aufgezeigt worden: von ihrer Ablehnung bis zur Überzeugung, dass die Vergebung eine rein private Angelegenheit zwischen dem eigenen Gewissen und Gott sei. Manche Menschen verspüren Unbehagen, ihre Sünden vor einem Priester zu beichten, während andere ihre Enttäuschung beklagen, wenn sie die geringe Verfügbarkeit von gut vorbereiteten Priestern und Beichtväter feststellen. Vielleicht muss man anerkennen, dass die Schwierigkeit, sich dem Beichtsakrament anzunähern, auch ein Reflex der Schwierigkeit ist, seinen Glauben auf Gott und vor allem auf seine Barmherzigkeit zu setzen. Dieses Jubiläum könnte ein außerordentlich geeigneter Moment sein, um das Sakrament der Versöhnung neu als ein zentrales Thema der Seelsorge vorzuschlagen, um seine Schönheit und seine Wirksamkeit zu begreifen. Der Päpstliche Rat zur Förderung der Neuevangelisierung dankt Don [Priester] Maurizio Compiani, der sich mit Kompetenz und pastoralem Feingefühl der Erstellung dieser Seiten gewidmet hat. Wir hoffen, dass die Lektüre und Reflexion dieses pastoralen Hilfsmittels dazu helfen möge, die Freude Gottes am Verzeihen und die Kraft der Barmherzigkeit als ein Zeichen seiner Nähe und Zärtlichkeit zu begreifen.

+ Rino Fisichella

Die Vergebung der Sünden durch Jesus

Im Kapitel „Die Sakramente der Heilung" (KKK 1420–1532) behandelt der Katechismus der Katholischen Kirche das Sakrament der Versöhnung. Die Argumentation wird gerahmt von zwei Verweisen auf einen Evangeliumstext, einen am Anfang und einen am Ende, die den Gelähmten betreffen, den Jesus in Kafarnaum geheilt hat (Mk 2,1–12). In dieser Situation beginnt zwischen Jesus und den Schriftgelehrten eine Auseinandersetzung über das Thema der „Sündenvergebung". Wir beginnen unsere Reflexion also ausgehend von dieser Episode.

Eine Streitfrage

Dass das Thema der Vergebung der Sünden immer Unbehagen verursacht und Schwierigkeit bereitet, zeigt sich schon im ältesten Evangelium, dem nach Markus. Es ist tatsächlich bedeutsam, dass das erste Streitgespräch, noch dazu von Jesus selbst provoziert, die „Vergebung der Sünden" betrifft (Mk 2,1–12).

Vom Ärgernis

In Kafarnaum sagt Jesus einem Gelähmten, der zu ihm gebracht wurde: „Mein Sohn, deine Sünden sind dir vergeben!" (V. 5). Diese Worte sind ein Ärgernis für einige anwesende Schriftgelehrte, die in ihrem Herzen einwenden: „Wie kann dieser Mensch so reden? Er lästert Gott. Wer kann Sünden vergeben außer dem einen Gott?" (V. 7). Jesu Worte werden als gotteslästerlich betrachtet und provozieren bei den Gesetzeslehrern Verwirrung und Verachtung. Die heftige Reaktion ist aber verständlich, wenn wir sie mit den Lehren der jüdischen Tradition vergleichen. Die Vergebung der Sünden wurde als ausschließliches Vorrecht Gottes betrachtet, von Gott allein! („Ich, ich bin es, der um meinetwillen deine Vergehen auslöscht, ich denke nicht mehr an deine Sünden"; Jes 43,25). Er wird sie gewiss im messianischen Zeitalter zeigen, denn das Heil, das Gott seinem Volk bereitet, wird die Vergebung der Sünden einschließen: „Wer ist ein Gott wie du, der du Schuld verzeihst und dem Rest deines Erbvolkes das Unrecht vergibst? Gott hält nicht für immer fest an seinem Zorn; denn er liebt es, gnädig zu sein. Er wird wieder Erbarmen haben mit uns und unsere Schuld zertreten. Ja, du wirfst all unsere Sünden in die Tiefe des Meeres hinab" (Mi 7,18–19). Dennoch, und obwohl die Erwartungen an den Messias vielfältig und unterschiedlich waren (ein Befreier von der fremden Besatzungsmacht; der, der das zerstreute Volk sammeln würde; der treue Ausleger des Gesetzes), hatte es niemals jemand gewagt, dem Gesalbten Gottes die Macht zuzuschreiben, jemandem die Sünden zu vergeben. Es handelte sich um ein absolutes Vorrecht des Gottes, des Einen! Indem sie Jesu Worte als gotteslästerlich verurteilen, zeigen die Schriftgelehrten, dass sie ein klares Bewusstsein für die Verfasstheit des Menschen „auf der Erde" (V. 10) und den Charakter der authentischen religiösen Erfahrung haben. Sie nehmen die abgrundtiefe Distanz ernst, die den Menschen wegen seiner sündigen Natur vom dreimal heiligen Gott (Jes 6,3) trennt. Zwischen dem Leben, das von Gott ausgeht, und der Gebrechlichkeit seiner eigenen Existenz klafft für den Menschen eine schreckliche Lücke, und er erkennt an, dass er unwürdig ist, zu Ihm in Beziehung zu treten. Kein Mensch kann eine solche Distanz überwinden: Nur Gott kann dazu die Initiative ergreifen, indem er die Sünde vergibt, den Sünder mit sich versöhnt und ihm die Möglichkeit einer Kommunion mit Ihm eröffnet. Deshalb hatte die biblische Tradition die Vergebung der Sünden eng mit dem Gottesdienst verbunden, mit dem Sakralbereich, in dem Gottes Macht durch einen Opferritus wirkt, bei dem der Priester ein Sühnopfer darbrachte (Lev 4–5), oder mittels der feierlichen und komplexen Liturgie des Versöhnungstages, des Jom Kippur (wörtlich: Tag der Entsühnung; Ex 30,10; Lev 23,26–32). In Übereinstimmung mit den Bibeltexten erkennen die Schriftgelehrten nur Gott die Rolle zu, Heil zu schaffen. Deshalb sind die Worte, die Jesus an den Gelähmten richtet, für ihre Ohren unannehmbar und unvertretbar, denn sie scheinen sie über ihre ureigenste menschliche Verfasstheit täuschen zu wollen, und vor allem stellen sie den, der sie ausspricht, auf die gleiche Stufe mit dem „einen" Gottes Israels.

Das Entsetzen

Die wunderbare Heilung des Gelähmten erweckt in allen Anwesenden eine neue Reaktion, die sich diesmal offen zeigt. Die Menge ist außer sich über das Wunder und preist Gott und sagt: „So etwas haben wir noch nie gesehen!" (V. 12). In Jesu Worten über die Vergebung und in der plötzlichen Heilung des Gelähmten erkennt die Menge die Einmaligkeit der Beziehung, die ihn mit Gott eint. Im Handeln Jesu sind heilen und die Sünden vergeben zwei Aspekte, die in engem Zusammenhang stehen, weil sie die Macht beweisen, mit Gott zu versöhnen, indem er die Beziehungen zu Ihm heilt. Denn im Gegensatz zu den Schriftgelehrten löst die Menge die Auseinandersetzung mit einem Urteil zu Jesu Gunsten: Noch niemals hatte man jemand mit der Autorität gesehen, einen an die Bahre gefesselten Gelähmten wieder gehen zu lassen, genau wie man noch niemals eine Autorität gesehen hatte, die Macht hat, hier „auf Erden" die Sünden zu vergeben (V.10).

Auch gegenüber der Sendung der Kirche zur Evangelisierung zeigen sich zu allen Zeiten Reaktionen von Ärgernis und Verwunderung. Denn nach dem Gebot des Herrn wird die Kirche nicht müde, das Evangelium von der „Macht Gottes zum Heil aller, die glauben" (Röm 1,16) zu verkünden, und unermüdlich erinnert sie daran, dass wir in Jesus Christus „durch sein Blut die Erlösung haben, die Vergebung der Sünden nach dem Reichtum seiner Gnade" (Eph 1,7). Auch heute provozieren die ganz genau gleichen Reaktionen die Gemeinde der Gläubigen und hinterfragen die ganze Gesellschaft: Wer kann Sünden vergeben? Und sogar noch grundsätzlicher: Haben Begriffe wie Sünde, Vergebung, Barmherzigkeit und Versöhnung noch Bürgerrecht in einer Welt, wie wir sie heute gestalten? Haben wir noch Vergebung nötig? Gottes Vergebung? Gibt es noch Raum für die Erfahrung der Barmherzigkeit?

Den Sinn für die Vergebung verlieren

Wenn unsere Gesellschaft den Einzelnen immer höher stellt und ihn dabei sogar in ständige Konkurrenz zu den anderen setzt, und das um jeden Preis, dann werden die Konzepte von „Vergebung" und „Heil" unverständlich und inakzeptabel. Was müsste uns vergeben werden? Und warum hätten wir Heil nötig? Die Illusion der menschlichen Allmacht, die der technische Fortschritt zu inspirieren scheint, der Rückgriff auf den Mythos der ewigen Jugend, der zur Schau gestellte Wohlstand, Leistung und Produktivität als einziges Kriterium gesellschaftlicher Bedeutung führen zu einer entfremdeten und entfremdenden Sicht des Menschen und des Lebens. In dieser Sicht wird jede Grenze zerstört und überschritten. Die

„Grenze" als solche, also auch die eher natürliche und ethische, wird als ein „Übel" betrachtet, aus dem einfachen Grund,
dass sie den Rückgriff auf eine Freiheit bremst, die keine anderen Bezugspunkte hat als die Selbstbehauptung gegenüber
allem und jedem. Dabei klingt die Beichte, das Bekenntnis der
eigenen Sünde, wie Schwäche und die Anrufung der Vergebung Gottes wie ein demütigender Ritus, von dem man sich
fernhalten muss. Man glaubt nicht mehr an Gottes Barmherzigkeit, weil man kein Sündenbewusstsein mehr hat, und man
hat kein Sündenbewusstsein mehr, weil die Überzeugung
zugrunde liegt, dass es keine objektive Vorstellung von Gut
und Böse gibt. Dieses *maßlose Ego* widersetzt sich jeder Anerkennung von Schuld ab dem Moment, in dem jede seiner Entscheidungen und Handlungen nur selbstbezogene Kriterien
hat. Dann wird die Wahrnehmung seiner selbst, der Welt, der
anderen und von Gott hart und feindlich. Das *maßlose Ego*
fällt dann mit dem *entfremdeten und egoistischen Ego* ineins.
In der Welt der Vollkommenheit und für eine Gesellschaft
von Menschen, die sich für vollkommen halten, ist die Anerkennung, dass man Sünder ist und Heil braucht, immer ein
Skandal. „Der Verkündigung der Umkehr als unumgäng-
liches Erfordernis der christlichen Liebe kommt besondere
Bedeutung in der heutigen Gesellschaft zu, wo selbst die
Grundlagen einer sittlichen Auffassung von der menschlichen
Existenz oft abhandengekommen zu sein scheinen" (Johannes
Paul II., *Tertio millennio adveniente* [Apostolisches Schreiben
zur Vorbereitung auf das Jubeljahr 2000], Nr. 50). Deshalb ist
Christi Gebot an seine Jünger, in alle Welt zu gehen und das
Evangelium zu verkünden, umso aktueller (vgl. Mk 16,15): das
Evangelium von Wahrheit und Heil, das Evangelium, das den
Glauben erweckt, zur Umkehr führt und das Leben erleuchtet,

indem es jede falsche Sicht vom Menschen und von der Gesellschaft demaskiert. Wie Papst Franziskus in seiner *Enzyklika über den Glauben* erinnert:

Darum ist es dringend, die Art von Licht wiederzugewinnen, die dem Glauben eigen ist, denn wenn seine Flamme erlischt, verlieren am Ende auch alle anderen Leuchten ihre Kraft. Das Licht des Glaubens besitzt nämlich eine ganz besondere Eigenart, da es fähig ist, das gesamte Sein des Menschen zu erleuchten. Um so stark zu sein, kann ein Licht nicht von uns selber ausgehen, es muss aus einer ursprünglicheren Quelle kommen, es muss letztlich von Gott kommen. Der Glaube keimt in der Begegnung mit dem lebendigen Gott auf, der uns ruft und uns seine Liebe offenbart, eine Liebe, die uns zuvorkommt und auf die wir uns stützen können, um gefestigt zu sein und unser Leben aufzubauen. Von dieser Liebe verwandelt, empfangen wir neue Augen, erfahren wir, dass in ihr eine große Verheißung von Fülle liegt, und es öffnet sich uns der Blick in die Zukunft (*Lumen fidei*, 4).

Entsetzen weicht der Erfahrung

Wenn die Vergebung der Sünden zur *Erfahrung* wird, dann weichen das Ärgernis und das Entsetzen, denn im Sakrament der Versöhnung wird die „gute Nachricht" der Vergebung der Sünden zur *Gewissheit*, wird der Sünder von Gottes Barmherzigkeit erreicht und in einer Gnade regeneriert, die vielfältige Facetten hat.

Vor allem handelt es sich um *eine Erfahrung von freiem Geschenk*. Man kann niemals genügend Verdienste vorweisen, und Gottes Vergebung, Gottes „*per-dono*" [italienisch: Vergebung, wie beim französischen „Pardon"; Wortspiel: „dono" bedeutet Gabe, Geschenk], kann nicht erkauft, kann nur erfleht und erhalten werden: Sie ist eine Gabe [Gabe, Geschenk] und erreicht die Menschen *per* [durch] Christus. Mit seinen Vergebungsworten am Kreuz (Lk 23,34) zeigt der Messias Gottes nicht nur den Sinn eines solchen Sterbens, sondern macht sich auch selbst „transparent" für die Barmherzigkeit des Vaters. Im gekreuzigten und auferstandenen Jesus ist alles vergeben! Und das freie Geschenk drängt uns zur Dankbarkeit.

Die Vergebung der Sünden ist eine *Erfahrung von Licht*. Die Barmherzigkeit, mit der Gott den Sünder erreicht, ist kein vages Gefühl, das sein Wohlwollen bezeugt, sondern die feste Entschlossenheit, mit der Er das Heil, das Christus am Kreuz in vollständiger und endgültiger Weise für alle verwirklicht hat, wirksam auf jeden ausweitet. Das bedeutet, dass nur der Gekreuzigte und Auferstandene die angemessene Mitte unseres Verständnisses des Menschen, der Geschichte und der Welt ist, also der Standpunkt, von dem aus und in dem jeder Mensch den Sinn entdecken kann, den Gottes Plan für ihn und für die Welt hat, den Wert seiner Handlungen und von allem, das ihn umgibt, die Tiefe des Lebens und den Sinn des Sterbens. Wenn der Mensch die Vergebung der Sünden empfängt, wird ihm klar, wie Gott Herz und was sein Wille ist. In Gottes Antlitz entdeckt er das Antlitz eines Vaters, der keines seiner Kinder aufgibt.

Der Vergebung der Sünden ist eine *Erfahrung von Wahrheit*. Die ständige Bitte um Vergebung, die der Christ an Gott richtet, hält sein Gewissen wachsam für die Wahrheit der eigenen sündigen Verfasstheit. Tatsächlich ist es eine der größten Gefahren, in die der Jünger Jesu geraten kann, die Tiefe und Ernsthaftigkeit dieser Verfasstheit nicht mehr ermessen zu können. Für den Christen sind die Sünde und das Böse, die ihm begegnen, nicht eine einfache Gesetzesübertretung, sondern eine Wirklichkeit, die in ihn eindringt und ihn umgibt, ohne dass er je ihre Wurzeln und ihr Ausmaß völlig verstehen könnte. Das Böse kündigt sich niemals im Voraus an als das, was es effektiv ist, sondern versteckt sich in den abgelegensten Ecken des banalsten und alltäglichsten menschlichen Lebens derart, dass nur ein besonders aufmerksames Hinsehen es identifizieren kann, bevor es in seiner ganzen schrecklichen Wirklichkeit ausbricht. Außerdem lehren uns die Erfahrung und die Geschichte, dass es nicht genügt, das Gute tun zu wollen, um das Böse zu vermeiden: Furchtbare Verbrechen sind begangen worden in der Überzeugung, das Gute tun zu wollen. Das Sakrament der Versöhnung zeigt, dass es ohne Zweifel ein Geheimnis des Bösen gibt, das stärker ist als wir und angesichts dessen wir stets eine aufmerksame Haltung bewahren müssen, eine Haltung von demütiger und hellsichtiger Vorsicht, ohne die Illusion, es mit unserem einfachen Verstand und mit unseren guten Gesinnungen jemals verstanden und überwunden zu haben.

In christlicher Perspektive offenbart außerdem das Kreuz Christi, aus dem die Vergebung des Vaters quillt, in all seiner Dramatik vor allem die Realität unserer Sünde und unseres Zustands als Sünder, denn, ob wir es wissen oder nicht, am Kreuz erscheint ganz klar, wozu wir fähig sind: Obwohl wir es nicht ausdrücklich wollen, sind wir fähig, Gott selbst zu ermorden. So wird der Gekreuzigte zum ständigen Beweis unserer völligen Blindheit und Ohnmacht angesichts des Bösen und der Sünde und das in einem solchen Maße, dass wir sagen müssen, dass wir ohne Christus vollständig und endgültig verloren sind. Das Licht, das der Gekreuzigte so auf das Mysterium des Bösen wirft, führt jeden vermessenen Anspruch, uns in unserer eigenen Tiefe zu kennen und zu wissen, wer wir wirklich sind, zu seiner Wurzel zurück.

Die Vergebung der Sünden ist eine *wiederbelebende Erfahrung*, welche die Taufgnade erneuert und den persönlichen und kirchlichen Weg der Umkehr als ständige Anstrengung heiligt. Das versöhnt mit Gott und bewirkt eine Verwandlung des sündigen Christen, erneuert ihm seine Kräfte und gliedert ihn wieder ein in die Erfüllung seiner Sendung in der Kirche und in der Welt. Für den Gläubigen ist das Sakrament der Versöhnung ein Sakrament der Heilung, das ihn in der Nachfolge Christus begleitet und ihn auf einem Weg unterstützt, der von seiner Gebrechlichkeit und Schwäche geprägt ist.

Die Vergebung der Sünden ist eine *Erfahrung von Gemeinschaft*. Die Vergebung, die Gott dem Sünder anbietet, ist niemals eine rein individuelle Realität. Genau wie der Aufruf zum Glauben eine persönliche Antwort beinhaltet, aber in eine Gemeinde von Jüngern eingliedert, so geschieht Gottes Vergebung nicht nur in der Tiefe des eigenen Herzens, sondern wird im Schoß der Kirche und durch sie empfangen. Die von Gott gewirkte Versöhnung stärkt die Gemeinschaft der Gemeinde der Gläubigen. Denn durch die Liebe Gottes, die in Christus zu uns gekommen ist, lernt der Christ lieben: Die überreiche Gnade wird ausgegossen in der Liebe zu den Brüdern. So kann das *Ich* des Gläubigen nicht vom *Wir* der Gemeinde getrennt werden, und Gottes Vergebung, die in Christus durch den Heiligen Geist gegeben wird, vereint alle in einem einzigen Geheimnis von Gemeinschaft.

Und endlich ist die Vergebung der Sünden eine *Erfahrung von Staunen*. Genau weil sie „in Christus" geschieht, kann die Offenbarung der Sünde und ihres individuellen und gemeinschaftlichen Mysteriums niemals von dem Heil getrennt werden, das er uns anbietet, weil der Gekreuzigte auch der Auferstandene ist. Obwohl der Abgrund des Bösen, das ihn umgibt und durchzieht, weiterbesteht, fürchtet sich der Christ daher nicht davor, sich persönlich der Sünde bewusst zu werden und sie in der Beichte offenzulegen. Denn er handelt stets und ausschließlich ausgehend von der fundamentalen Gewissheit eines schon angebotenen Heils, als ob eine geschickte freundschaftliche Hand ihn beim Durchqueren eines Minenfeldes führen würde, ihn das aber erst nachher wissen ließe, wenn er es schon dank ihrer Hilfe überwunden hätte. So bleibt es nicht aus, dass ein solches Bewusstwerden von einem anerkennenden Staunen begleitet ist, einem Staunen, in dem die Beichte der Sünde, das geschenkte Heil und die ausgegossene Liebe immer eine Einheit sind, und wo sich der freiwillige Charakter des empfangenen Geschenks in all seiner Größe zeigt. So erinnert uns Papst Benedikt XVI.:

Das Sakrament der Versöhnung, das vom Blick auf die konkreten Lebensumstände ausgeht, verhilft in einzigartiger Weise zu jener „Öffnung des Herzens", die es gestattet, den Blick auf Gott zu richten, damit er in das Leben eintrete. Die Gewissheit, dass er nahe ist und in seiner Barmherzigkeit auf den Menschen wartet – auch auf jenen, der in die Sünde verstrickt ist –, um durch die Gnade des Sakraments der Versöhnung seine Krankheiten zu heilen, ist immer ein Licht der Hoffnung für die Welt (Ansprache vor der Apostolischen Pönitentiarie, 9. März 2012).

„So etwas haben wir noch nie gesehen!" Die sprachlose Menge von Kafarnaum findet ihr Echo in der freudigen Verwunderung der Kirche zu allen Zeiten und in der Dankbarkeit jedes Gläubigen, der im Ostergeheimnis die unerschöpfliche Quelle des Heils entdeckt, lebt und verkündet.

Ein kirchliches und persönliches Ereignis

Die Begegnung zwischen Jesus und dem Gelähmten von Kafarnaum geschieht auf einzigartige Weise. Ohne darzulegen, wer die Initiative ergriffen hatte, erzählt Markus: „Da brachte man einen Gelähmten zu ihm; er wurde von vier Männern getragen" (2,3). Wer sind die vier Bahrenträger? Die Paralleltexte von Matthäus und Lukas bringen diese Einzelheiten nicht (Mt 9,2: „Da brachte man auf einer Tragbahre einen Gelähmten zu ihm"; Lk 5,18: „Da brachten einige Männer einen Gelähmten auf einer Tragbahre"). Als sie nicht zu Jesus gelangen können wegen der Menge, die sich vor dem Haus drängt, ergreifen sie entschlossen die Initiative: Sie decken „dort, wo Jesus war", das Dach ab (2,4), und lassen dann die Bahre, auf der der Gelähmte liegt, zu ihm hinab. Als Jesus „ihren Glauben sah", richtete er an den Gelähmten überraschenderweise nicht Worte der Heilung, sondern sagte: „Mein Sohn, deine Sünden sind dir vergeben!" (V. 5).

Die kuriose Episode betont den Wunsch und die feste Entschlossenheit, welche die beseelen, die dem Gelähmten helfen wollen, indem sie ihn zu Jesus tragen. Es gibt kein Hindernis, das sie aufhalten könnte: weder der problematische Zustand des Kranken oder der Weg, der von den Leuten versperrt wird, noch die Mauern des Hauses, die sie von Jesus trennen. Es ist die Anerkennung von diesem „ihren" Glauben, die Jesus dem Gelähmten die Vergebung der Sünden verkünden lässt. Die Exegese hat oft die vier Bahrenträger mit den vier Jüngern identifiziert, deren Berufung am Ufer des Sees Gennesaret kurz zuvor erzählt wird (Mk 1,16–20). „Folgt mir nach, ich werde euch zu Menschenfischern machen!": Der Imperativ und die Verheißung, die Jesus an sie richtet, scheinen sich anfanghaft in dem Verhalten der vier Bahrenträger umzusetzen. Diese suchen jemanden auf, der wegen seines Leidens nicht zu Jesus kommen und sich auch nicht unter die Menge mischen kann. Fischer zu sein bedeutet, etwas aus dem Meer herauszuholen; Menschenfischer zu sein bedeutet, die Menschen aus der Gefahr des Sterbens herauszuholen (eine Verfasstheit, die der hilflose Gelähmte gut repräsentiert), um ihnen das Leben zu sichern, wie auch die erste Reaktion des Kranken auf seine Heilung anzudeuten scheint: „Er stand auf" (V. 12, *ēgerthē*). Es wird hier dasselbe Verb gebraucht, das auch Jesu Auferstehung beschreibt (Mk 16,6). Die den Jüngern anvertraute Aufgabe und die Handlungen der Bahrenträger verbinden diese mit jenen und zeigen, dass Jesu Ostergeheimnis sich auch dank ihrer Mitarbeit verwirklicht und ausbreitet.

Eine letzte Besonderheit, die auch typisch für Markus ist, soll nicht übersehen werden: die Betonung, mit der dieser Text das Ziel aufzeigt, das die Bahrenträger verfolgen. Nach Lukas wird die Bahre „vor" Jesus abgestellt (Lk 5,19), Matthäus vermeidet jede genauere Beschreibung (vgl. Mt 9,1), aber Markus betont, dass die Stelle, an der sie das Dach durchbrachen, genau die war, „wo" Jesus sich befand, und dass sie die Bahre hinunterließen, „wo" der Gelähmte lag (2,4). Die doppelte Erwähnung der Stelle lässt die Gestalt des Gelähmten mit der Gestalt Jesu räumlich ineinsfallen, als ob sie sich überlagern würden: Die beiden sind gleichzeitig an derselben Stelle anwesend. Der Ort der Krankheit wird identisch mit dem Ort, an dem Jesus „das Wort verkündet" (V. 2): Dort, wo die Sünde ist, ist genau der Ort, wo das Wort rettet, indem es vergibt. Der Ort der Sünde wird zum Ort des Heils!

Der Glaube der vier Bahrenträger

Zwischen den vier Bahrenträgern und der Vergebung der Sünden besteht eine enge Beziehung, denn es verdankt sich „ihrem" Glauben, dass Jesus dem Gelähmten die Vergebung bestätigt. Im Gegensatz zur Menge sind sie nicht einfache Zuschauer bei Jesu Handeln, denn es scheint, dass sie irgendwie diese Reaktion in ihm ausgelöst haben. Eine alte Auslegung im Bereich der Taufliturgie verbindet sie mit der Gestalt der „Paten", die den Katechumenen begleiteten, aber es ist nicht schwer, darin einen umfassenderen Hinweis auf die christliche Gemeinde insgesamt und auf die Aufgabe zu erkennen, welche diese bei der von Gott verliehenen Vergebung der Sünden erfüllt. Alles, was die vier organisieren und unternehmen, hat ein einziges Ziel, das sie mit unerschütterlicher Hartnäckigkeit verfolgen: den Gelähmten zu Jesus zu „bringen". Diese Klarheit und Festigkeit kann mit der Entschlossenheit verglichen werden, mit der Jesus Gottes Absicht für den Menschensohn verfolgt, bis hin zum höchsten Opfer am Kreuz, der Quelle, aus der die christliche Vergebung quillt (vgl. Mk 8,31; 9,31; 10,33–34). Das Handeln der vier liegt also mit dem Handeln Jesu auf einer Linie. Die Vergebung der Sünden erreicht den Gelähmten durch die Worte Jesu, und diese Worte erklingen in einem Kontext, der ganz von diesen vier Personen bereitet wurde und in dem diese eine fundamental wichtige Rolle spielen. Die Erzählung sagt nicht, dass der Gelähmte Glauben hat, sondern dass er kommt, weil er vom Glauben der vier getragen wird! Der Glauben der gläubigen Gemeinde eröffnet den Raum, in dem der Sünder durch die Begegnung mit Jesus von Gottes Vergebung erreicht werden kann. Es handelt sich um eine grundlegende „sakramentale" Dimension der Gnade: Die Vergebung der Sünden geschieht innerhalb eines kirchlichen Vollzuges.

Die Sendung der Kirche wird zusammengefasst in der Formel „zu Jesus bringen", aber das bedeutet nicht, ihm jemanden „vorzuführen". Die vier kümmern sich nicht einfach um den Sünder, indem sie den Weg zu Christus von allen Hindernissen befreien, sondern sie lassen ihn genau an jener Stelle hinab, wo Jesus sich befindet, und machen so eine einzigartige und überraschende persönliche Begegnung mit Ihm möglich. Es handelt sich um viel mehr als nur um eine helfende und mitleidige Tat; es handelt sich um eine Sendung zur Initiation, die Teil hat an der Dynamik, mit der Gottes Vergebung gewährt wird, und die gleichzeitig einführt in das Geheimnis der Macht, die Jesus in seinem Wort und seiner Person zeigt. So wird klar, dass das Heil von Gott kommt, aber dass es den Sünder erreicht, indem die Jünger selbst in Christi Sendung hineingenommen werden.

Zum Sakrament der Versöhnung betont der Katechismus der Katholischen Kirche vor allem die kirchliche Dimension des Dienstes der Apostel: „Indem der Herr den Aposteln seine eigene Vollmacht, Sünden zu vergeben, mitteilt, gibt er ihnen auch die Autorität, die Sünder mit der Kirche zu versöhnen" (Nr. 1444), und die sich daraus ergebende spezielle Aufgabe des Bischofs, die „Bußdisziplin zu regeln" (Nr. 1462). Danach öffnet sich der Blick für einen größeren Horizont, wenn es um die Wirkungen des Sakraments geht:

Dieses Sakrament versöhnt uns auch mit der Kirche. Die Sünde beeinträchtigt oder bricht die brüderliche Gemeinschaft. Das Bußsakrament erneuert sie oder stellt sie wieder her. Es heilt denjenigen, der wieder in die kirchliche Gemeinschaft aufgenommen wird, und übt auch einen belebenden Einfluss auf das Leben der Kirche aus, die unter der Sünde eines ihrer Glieder gelitten hat (KKK 1469).

In der Geschichte des Gelähmten von Kafarnaum scheint jedoch eine theologische Perspektive auf, in der die kirchliche Dimension dieses Sakraments noch weiter und stärker ist. Es beschränkt sich weder auf den Moment, in dem die persönliche Beichte vor einem Diener der Kirche gefeiert wird, noch auf die Tatsache, dass die Versöhnung mit Gott auch zur Versöhnung mit der Kirche führt. Die kirchliche Dimension geht auch voraus und besitzt sozusagen einen performativen Aspekt: Sie ist dem gesamten Bußweg von Anfang bis Ende inhärent. Denn Gott schenkt dem Sünder tatsächlich Vergebung, weil er durch die Augen Jesu den Glauben sieht, den die Kirche in ihn setzt. Es handelt sich um eine Perspektive von dreifältiger Barmherzigkeit, die auf ganz besondere Weise Gott, Jesus und die Kirche in Beziehung setzt. Es entsteht auch eine gewisse Analogie zum großen Hymnus des Epheserbriefes (1,3–14), in dem der Verfasser erklärt, dass die Erlösung als Vergebung der Sünden ausgegossen wird durch das Blut, das Christus vergossen hat (V. 7). Dieses Gnadenereignis geschieht auf einer Ebene der Liebe, die die Frucht des freien Willens des Vaters ist, der uns in Christus sieht, uns immer mit dem verbindet, den er vor der Erschaffung der Welt erwählt hat, und uns so den Zustand von Adoptivsöhnen schenkt (V. 3). Die Versöhnung geschieht also innerhalb einer Vision, in der der Vater die Kirche „sieht", deren wirkliche Identität und deren wirkliches Fundament darin bestehen, dass sie in Beziehung zu Christus steht.

Diese theologische Perspektive, die gleichzeitig trinitarisch und kirchlich ist, ist derart konzentriert und gemeinschaftlich, dass die Buß- und die Seelsorgepraktiken wahrscheinlich noch nicht alle ihre Auswirkungen und Rückwirkungen entfaltet haben. Die Liturgie aber in ihrer erzieherischen Weisheit verhindert, dass die Erinnerung daran verloren geht. Im Kommunionritus der Eucharistiefeier betet der Priester in dem Moment, in dem wir um den von Christus verheißenen Frieden bitten: „Schau nicht auf unsere Sünden, sondern auf den Glauben deiner Kirche." So werden wir jedes Mal zurückgeführt zu jenem Tag in Kafarnaum, zu dem Moment, in dem Christi Augen auf dem Glauben der vier Bahrenträger ruhten.

Steh auf und geh

Erst am Schluss der Erzählung kommt dem Gelähmten eine aktive Rolle zu. Er handelt in perfekter Entsprechung zu den Worten Jesus: „Steh auf, nimm deine Tragbahre, und geh nach Hause!" (V. 11): „Der Mann stand sofort auf, nahm seine Tragbahre und ging vor aller Augen weg" (V. 12). Die sofortige und perfekte Übereinstimmung zwischen dem Gebot und seiner Ausführung hat vor allem die Absicht, die Macht und die Wirksamkeit der Worte Jesus zu betonen. In der Auseinandersetzung mit den Schriftgelehrten ging es um die Qualität von Jesu „Sagen": „Ist es leichter, zu dem Gelähmten zu sagen: Deine Sünden sind dir vergeben!, oder zu sagen: Steh auf, nimm deine Tragbahre und geh umher?" Das zweifache „Sagen" unterstreicht das, was auf dem Spiel steht: Ist Jesu Wort wahr oder ist es falsch und leer? Ist es mächtig oder illusorisch? Die Tatsache, dass der Gelähmte sofort aufsteht, verlangt von den Gesetzeslehrern, dass sie ihre Urteile über Jesus überprüfen.

Davor kommt der Gestalt des Gelähmten eine absolute Nebenrolle zu, obwohl er die ganze Zeit in der Szene anwesend ist. Außer der Tatsache, dass er krank ist, wird keine andere Eigenschaft erwähnt: Er hat keinen Namen; es wird keine Religionszugehörigkeit registriert (Heide, Jude, Pharisäer, Levit); es fehlen soziale Indikatoren (reich oder arm); er

sagt nichts, und auch seine Gedanken, Gefühle oder Reaktionen werden nicht enthüllt. Es handelt sich um eine undurch-
dringliche Mauer mit einer einzigen Bresche, die nur seinen
moralischen Zustand erahnen lässt, der in Jesu Erklärung
mitschwingt, dass ihm die Sünden vergeben sind: Er ist ein
Sünder. Jesus sieht den Glauben der vier Träger, aber kennt
auch die innerste Situation dieses Mannes, genau wie ihm das
Urteil der Schriftgelehrten nicht entgeht, auch wenn es nur in
ihren Gedanken ist (V. 8). Es besteht kein Zweifel, dass nur
Jesus das Herz eines jeden im Tiefsten kennt und offenbart,
und sich so als der erlösende prophetische Messias offenbart.

Die Aufmerksamkeit für den Gelähmten richtet sich stattdessen auf eine andere Dimension: Als von ihm gesprochen
wird, erscheint zweimal das gleiche Verb, das „bringen" oder
„tragen" bedeutet: „Da *brachte* man einen Gelähmten zu ihm;
er wurde von vier Männern *getragen*" (V. 3). Die Gestalt dieses
Kranken ist nicht nur undurchdringlich, sondern vor allem
hilflos: eine Beschreibung, die mit dem eher chaotischen Kontext des Gedränges der Menge und dem Einfallsreichtum der
Bahrenträger kontrastiert. Diese fast leblose Gestalt, ohne
Willen und ohne Vitalität, mehr aus der Welt der Toten als aus
der Welt der Lebenden, wird von Jesus wie von einem Vater
„Sohn" genannt. Diesem Sohn vergibt er die Sünden im selben
Moment, in der er sich enthüllt, und versichert so, dass es zwi-
schen ihm und Gott kein Hindernis gibt. Er sieht sich zum
„Sünder" erklärt, aber durch dasselbe Wort findet er seine
Berufung zum „Sohn". Die Distanz, die zwischen dem
Gelähmten und Jesus überbrückt wurde, entspricht der Über-
windung der Distanz, die Gott von dem Sünder trennt. So
erfährt der Gelähmte, dass ihm das Reich Gottes nahekommt,
wenn er sich Jesus nähert – ein Reich, in dem Glauben,

Umkehr und Gute Nachricht miteinander verschmelzen (vgl. Mk 1,15). Die Worte, die Jesus laut ausspricht, beweisen allen, dass Krankheit und Sünde keine unüberwindlichen Mächte sind, die den Gelähmten für immer in ihrer Gewalt hätten, weil Gott ihn schon immer als „Sohn" betrachtet hat, ohne ihn jemals abzuweisen, was immer die Schuld sei, die er auf sich geladen hat. In der Begegnung mit Jesus verbindet sich so die Vergebung der Sünden mit der Heil bringenden Offenbarung für den Sünder: Die ursprüngliche Beziehung des „Sohnes" zu Gott kommt ans Licht. Keiner sah sie, aber Jesu Worte, die den Gelähmten aufstehen ließen, versichern auch, dass sie niemals verloren war und niemals zurückgenommen worden ist.

Der machtvolle Charakter des Wortes Jesu zeigt sich in der Wirkung, die es hat. Der Gelähmte ist endlich geheilt, und er reagiert mit einer Verwandlung, die in drei Schritten ausgedrückt wird: er, der lag, steht auf; er, der getragen wurde, trägt seine Bahre; er, dem es nicht gelang, in das Haus hineinzugehen, geht selbstständig aus ihm heraus. Die Plötzlichkeit der Handlungen vergrößert den Effekt der Vitalität, die ihn jetzt auszeichnet. Der „Getragene" geht endlich, und die Erwähnung der Bahre, die er beim Weggehen mitnimmt, obwohl er sie nicht mehr braucht, legt nahe, dass diese ihren Zweck noch nicht völlig erfüllt hat. Sie könnte noch dazu dienen, auch andere kranke Sünder zu Jesus zu bringen, um die er selbst sich kümmern könnte. So schließt sich der Kreis: Der „Getragene" verwandelt sich in einen „Träger"; der im Schatten des Todes lag, geht jetzt vor aller Augen; derjenige, der Gegenstand der Barmherzigkeit Gottes und der vier Bahrenträger war, wird zum Bahrenträger, zum „Menschenfischer", damit andere, wenn sie zu Jesus gebracht werden, wie er die geheimnisvolle Begegnung von Glauben, Liebe und Vergebung erfahren können.

Ein Vater und zwei Söhne

Wie die Dynamik der Barmherzigkeit in uns die Vergebung der Sünden wirkt, zeigt sich mit großer Klarheit im Gleichnis des Vaters und der zwei Söhne (Lk 15,11–32). Es ist das längste des Lukasevangeliums und das letzte von drei aufeinanderfolgenden Gleichnissen, die sich alle auf Gottes Verhalten und auf die Freude über das Wiederfinden von Verlorenem konzentrieren (ein Schaf: Lk 15,1–7; eine Münze Lk 15,8–10; der Sohn Lk 15,11–32). Ähnlich wie bei der Beschreibung des Gelähmten von Kafarnaum werden auch die Figuren des Lukasgleichnisses so beschrieben, dass sie fast anonym bleiben. Das einzige Interesse der Erzählung gilt den problematischen Beziehungen zwischen einem Vater und seinen beiden Söhnen. Die ganze Frage betrifft das Vatersein, die „kindlichen" Beziehungen (die Beziehungen der Söhne zum Vater) und die brüderlichen Bande. Darüber hinaus sind Vergebung und Barmherzigkeit vor allem persönliche Wirklichkeiten, nämlich Ereignisse, die den Menschen in seinem tiefsten Inneren und in seinen gegenseitigen Beziehungen betreffen und sogar sein Leben manchmal auf unerwartete und fast wunderbare Weise durcheinanderbringen können. Bei der Erzählung muss man also aufmerksam sein auf die Handlungen der Figuren und auf die Worte, die sie sagen. Dort erscheinen ihre wahren Gefühle, die Werte, die sie im Herzen tragen, die tatsächlichen Absichten, die sie verfolgen. Dort erscheint auch ein unerwartetes Bild: ein einzigartiges Vatersein, verwirrende kindliche Beziehungen und eine Brüderlichkeit, die neu gestaltet werden muss.

Die Rückkehr eines Sohnes

Von Anfang an zeigt die Gestalt des jüngeren Sohnes im Gleichnis besorgniserregende dunkle Punkte. Er wird ohne Umschweife in die Szene eingeführt, mit einer an den Vater gerichteten Rede, in der er um seinen Vermögensanteil bittet. Er erklärt die Gründe dieser Bitte nicht, und auch der Vater seinerseits fragt nicht danach. Der Tatsache, dass er einfach um das bittet, „was ihm zusteht" (V. 12), zeigt, dass er keine unangemessenen Erwartungen hat: Er ist sich seiner Lage als Sohn sehr wohl bewusst, und dennoch hat er den Wunsch, weit wegzugehen. Das Vermögen muss aufgeteilt werden, aber in der ganzen Erzählung erwähnt er kein einziges Mal den älteren Bruder. Indem er das Haus verlässt, ohne irgendeine Erinnerung an sich zurückzulassen („er packte *alles* zusammen"), bricht er radikal mit dem Band, das ihn mit dem Vater und dem Bruder verbindet, das ihn aber im Grunde nicht sehr zu interessieren scheint, weil er ganz darauf ausgerichtet ist, sein eigenes Ziel zu verwirklichen.

„Nach wenigen Tagen packte der jüngere Sohn alles zusammen und zog in ein fernes Land. Dort führte er ein zügelloses Leben und verschleuderte sein Vermögen" (V.13). Diese unvermittelte Art enthüllt etwas von der wahren Motivation, die hinter der an den Vater gerichteten Bitte steckt. So leichtsinnig, wie er auch war, der Wunsch des Sohnes ist Frucht einer freien und bewussten Entscheidung. Wenn er sich später in der dramatischen Situation sieht, der Gefahr des Verhungerns ausgesetzt zu sein, kann er niemandem dafür die Schuld geben: Es ist seine Schuld, seine ganz persönliche Verantwortung. Aber bezüglich des Vaters und des älteren Bruders verraten seine Worte mehr, als sie sagen. Als Sohn sind seine Ansprüche auf das Vermögen legitim, und außerdem erhebt der Vater keine Einwände. Und auch seitens des älteren Bruders werden keinerlei Vorhaltungen erwähnt. Dennoch beinhaltet die Betonung, dass er um das bittet, „was ihm zusteht", eine Aufteilung des Vermögens in der Perspektive des Erbrechts. Der Anspruch wird also an den Vater gerichtet, als ob dieser schon tot wäre! Und tatsächlich zeigt die Eile der Vorbereitungen zum Weggehen, und zwar nicht irgendwo hin, sondern in ein *fernes* Land, dass die Entfernung nicht nur geografisch ist. Welches auch die Gründe sein mögen, die man für seine Abreise anführen kann, für den jüngeren Sohn zählt der Wunsch nach Selbstständigkeit mehr als seine kindliche Beziehung zum Vater. Bei seinem plötzlichen Weggehen zeigt die Betonung der Trennung, dass die Gestalt des Vaters und die des Bruders schon tot sind in dem Lebensprojekt, das dieser Sohn verfolgt.

Weit weg vom Vater, weit weg vom älteren Bruder, in einem zügellosen und vergnügungssüchtigen Leben. Allzu oft hat dieses Detail die Predigt zu moralischen Stigmatisierungen veranlasst. Aber die Erzählung will eher die unvorhergesehene Wendung herausstellen, die die Angelegenheit nimmt. Zuerst für den jungen Mann selbst: Dieses „weit entfernte" Leben, das er so sehr wünschte und um jeden Preis wollte, entpuppt sich als eine tragische Option, in der er jegliche Würde verliert. Er hatte die eigene Selbstständigkeit gesucht, weit weg vom Vater und mit einem klaren Schlussstrich unter sein Haus, aber er findet eine Situation, in der er als Knecht Schweine hüten muss. Das war für einen Juden eine ehrverletzende Arbeit, und sie reichte nicht einmal, um seinen Hunger zu stillen. Das „ferne" Land verliert jede Anziehungskraft und zeigt eine doppelte Eigenschaft: Es war keine Gelegenheit zum

Reichwerden, sondern ließ ihn alles ausgeben und auch innerlich völlig „verausgabt" sein. Zudem wird die Gegend von einer Hungersnot heimgesucht, sodass es keinerlei Möglichkeit gibt, sich zu ernähren. Für den jüngeren Sohn zeichnet sich eine Situation ohne Zukunft ab, von Erschöpfung ohne irgendeine Hoffnung. Dennoch wird ihn diese Katastrophe zu einer neuen Entdeckung führen: die Weise, wie der Vater ihn empfangen wird. Die Entscheidung des Vaters ihrerseits wird eine unerwartete Reaktion beim älteren Sohn provozieren. Diese Handlung von Sünde und Barmherzigkeit, Schuld und Vergebung wird von einer Überraschung zur anderen führen.

Die Erfahrung der Sünde

Das Gleichnis bietet weder eine Definition von Sünde an, noch zeigt es besonderes Interesse für die Motivationen, die den jüngeren Sohn dazu bringen, das Haus zu verlassen. Die Gesamtsituation will eher die Motivationen für seine Rückkehr zum Vater vorbereiten. Dieses Schweigen über die Gründe der falschen Entscheidung lässt uns nach dem Ursprung des Bösen in jedem von uns fragen und danach, warum der Mensch nie aufhört, ein vom Vater weit entferntes Land zu suchen. Es ist ein Schweigen, das Raum lässt für tausend Antworten (Egoismus, Neid, Referenzverlust, falsche Werte, Gleichgültigkeit gegenüber dem Nächsten usw.). Alle Beichtväter und alle, die zur Beichte gehen, könnten ohne große Schwierigkeiten diese Aufzählung jeden Tag vervollständigen und die individuellen, gesellschaftlichen und kirchlichen Gründe aufzeigen, die hinter den Übeln unserer heutigen Zeit stehen. Aber der Aufweis zeigt einfach, dass uns die Sünde angeboren ist, und zwar so sehr, dass ihre ständige Wiederholung eine Gefahr ist, unser Gewissen einzuschläfern. Um sich dessen bewusst zu werden, würde es reichen, einmal zu versuchen, uns an unsere erste Sünde zu erinnern – das würde zeigen, dass es unmöglich ist, eine Antwort zu formulieren. Wir müssen einfach anerkennen, dass die Sünde, soweit unser Bewusstsein reicht, uns schon immer begleitet hat, schon immer gegenwärtig war in ihren unterschiedlichen mehr oder weniger schweren Facetten. Über diese Gegenwart, die ebenso geheimnisvoll wie beunruhigend ist, hat der Text von Genesis 3 nachgedacht, der von der Schlange erzählt, die uns versucht und die „schlauer war als alle Tiere des Feldes, die Gott, der Herr, gemacht hatte" (V. 1). Adam und Eva leben im Garten Eden, buchstäblich in einem „Garten der Köstlichkeiten", und die Schlange wird als etwas Fremdes vorgestellt: Sie gehört nicht in den Garten, sondern auf das freie Feld, obwohl sie überraschend dort erscheint, wo der Mann und die Frau sind. Einige Kirchenväter haben sich gefragt, wie dieses Tier in den Garten hineingelangen konnte, wer es eingelassen hätte und wann. Das ist dieselbe Frage, welche die Diener im Gleichnis vom Unkraut stellen: „Herr, hast du nicht guten Samen auf deinen Acker gesät? Woher kommt dann das Unkraut?" (Mt 13,27). Es ist genau dieselbe Frage, die sich jedes Mal wiederholt, wenn die Sünde und ihre Konsequenzen von Bösem und Leid in unseren Augen zum Skandal werden. Die Bibel vermeidet jede philosophische Spekulation: Das Böse wird aufgezeigt, aber nicht erklärt, es „war" einfach da. In dem Moment, in dem Adam und Eva ihr menschliches Abenteuer beginnen, ist die Schlange schon eingenistet in ihrer Intimität, schon in ihren Gedanken, Worte und Taten gegenwärtig. Sie ist überzeugend, ist fähig, „ferne Länder" zu suggerieren, jenseits von allen Beschränkungen und Grenzen („Ihr werdet sein wie Gott!", Gen 3,4); und sie ist vor allem fähig, die Sicht von Gott und der Beziehung zu ihm zu verzerren und zu deformieren. Wie der jüngere Sohn im Gleichnis sind auch Adam und Eva erschöpft und im Elend, sogar unfähig, einander anzuschauen: Ihre Nacktheit ist jetzt der Spiegel der Wahrheit ihrer eigenen Schuld, ein Anblick, den sie nicht aushalten können.

Was ist also die Sünde? Das Lukasgleichnis suggeriert das Bild der „Trennung" vom Vater. Sünde ist alles, was uns von ihm und von den Brüdern entfernt und dazu führt, dass unser Herz betrübt ist. Sünde ist das, was ein Leben in Fülle unmöglich macht. Sünde ist alles das, was uns hindert, das Haus des Vaters als unser eigenes anzuerkennen, und uns vergessen lässt, dass wir Brüder sind. Und endlich ist Sünde alles, was unsere kindliche Beziehung und unsere brüderliche Beziehung verdirbt.

Wenn wir zum Sakrament der Versöhnung gehen, um Gottes Vergebung zu erlangen, ist es deshalb wichtig, dass der Christ eine Gewissheit in sich reifen lässt und eine Gefahr vermeidet. Ein authentisches Glaubensleben besitzt ein waches Gewissen. Denn der Jünger in der Nachfolge des Herrn weiß, dass der Weg in der Wahrheit liegt, und fürchtet sich deshalb nicht, sein Herz vor dem Vater bloßzulegen, damit dieser es „erneuert" (vgl. Ez 11,19): „Durch das Geständnis stellt sich der Mensch den Sünden, die er sich zuschulden kommen ließ; er übernimmt die Verantwortung dafür und öffnet sich dadurch Gott und der Gemeinschaft der Kirche von Neuem, um so eine neue Zukunft zu ermöglichen" (KKK 1455). Außerdem vermeidet er, wenn er seine Sünden darlegt, sich von der etwas kleinlichen Berechnung leiten zu lassen, die dazu neigt, auf Gottes Liebe zu spekulieren: „Bis wohin kann ich ungestraft mit diesem Verhalten gehen? Ich darf, aber innerhalb welcher Grenzen? Wenn ich über dieses Maß nicht hinausgehe, ist dann alles in Ordnung?" Es handelt sich um eine Discount-Mentalität, die in der Beziehung zum Vater nur das unvermeidliche Minimum aufwendet. Im Allgemeinen reduziert eine solche Perspektive das ethische Leben, das Glaubenszeugnis und die Kirchenzugehörigkeit auf einen endlosen Satz von Regeln, die man „trotz allem" beachten muss, und macht für den Beichtenden (und für den Beichtvater!) die Feier des Sakraments der Versöhnung immer unangenehmer. Es handelt sich um eine Frustration des geistlichen Lebens, die den Gläubigen nicht dazu führt, sich Gottes Plan für ihn zu öffnen und auf dessen unerschöpfliche Barmherzigkeit zu vertrauen, sondern dazu, die Glaubensbegeisterung zu ersticken. Sie verschleiert ihm die Schönheit des christlichen Lebens und schwächt unvermeidlich all seine Dynamik. Wie Papst Franziskus uns erinnert hat, ist das Problem nicht, ein Sünder zu sein; das Problem ist, sich nicht von der Liebe der Begegnung mit Christus verwandeln zu lassen (vgl. Homilie in der Kirche Santa Marta, 17. Mai 2013). So treffen wir nicht ins Schwarze und erreichen nicht das wesentliche Ziel. Welches? Das Ziel, als Söhne/Kinder zu leben. Und es ist der Auferstandene Gekreuzigte, der gesegnete Sohn, der uns zeigt, wie man eine echte kindliche Beziehung entwickelt. Es handelt sich um einen Weg der Freiheit, um einen Auszug aus sich selbst, bei dem es keine Rückkehr gibt, eine Freiheit, die dazu dient, den Vater und die Menschen zu lieben, bis hin zur Verlassenheit am Kreuz. Dieselbe Freiheit hat er von seinen Jüngern verlangt, damit sie eintreten in das Geschenk des Lebens Gottes.

Die Erfahrung der Vergebung

Das Selbstgespräch des jüngeren Sohnes beginnt mit einer Feststellung: Im Haus seines Vaters haben die Tagelöhner mehr als genug zu essen, während „ich hier vor Hunger umkomme" (V. 17). Was ihn dazu bringt, nach Hause zurückzukehren, ist der Hunger, nicht die Gewissensbisse, den Vater betrübt zu haben. Diese „Rückkehr als solche" ist also kein Zeichen von Umkehr, wie viele meinen. Eher ist ihm nun die Realität bewusst geworden, in der er, von einem Grundbedürfnis überwältigt, das er die nicht befriedigen kann, zusammengebrochen ist: Er kommt vor Hunger um. Es ist der Überlebensinstinkt, der ihn in sein Elternhaus zurückführt. Es ist der Wunsch nach guter Nahrung, der seine Worte bestimmt, nicht die Beziehung zum Vater. Es handelt sich viel mehr um ein von Interessen geleitetes Kalkül als um eine aufrichtige Reue. Und tatsächlich, obwohl er bekennt: „Ich habe mich gegen den Himmel und gegen dich versündigt; ich bin nicht mehr wert, dein Sohn zu sein" (V. 18–19), versäumt es der junge Mann nicht, ganz genau das vorzuschlagen, was in seinen Plänen liegt: „Mach mich zu einem deiner Tagelöhner", also ganz klar eine Situation, die viel besser ist, als Schweine zu hüten. Ein letztes Indiz lässt starkes Misstrauen gegenüber den wahren Absichten des jungen Mannes aufkommen. Das Selbstgespräch hat die Funktion, seine Worte vorzubereiten, aber als er vor dem Vater steht, lässt der Sohn den ersten Satz aus: Er sagt nicht, dass es der Hunger ist, der ihn zurückkehren ließ! Mit berechnender Schlauheit verschweigt er den wahren Grund. Nachdem er also seine Strategie festgelegt hat, um die väterliche Vergebung zu erhalten, beginnt er, den Plan in die Tat umzusetzen: „Er brach auf und ging zu seinem Vater" (V. 20). Angesichts eines solchen Verhaltens ist eindeutig: Die Gefühle und die Beziehungen des Vaters werden durch einen religiös verbrämten Diskurs instrumentalisiert. Man kann das Berechnen nicht leugnen: Das Bekenntnis ist stark von eigenen Interessen geprägt.

Das schlau berechnende Verhalten des jüngeren Sohnes lässt erkennen, welches Bild er sich vom Vater gemacht hat: das eines strengen und gerechten Richters, der aber mit schönen Worten besänftigt werden kann. Der Plan, den er geschmiedet hat, bricht aber zusammen, und zwar wegen des Verhaltens des Vaters, das für den Sohn völlig unvorhergesehen kam: „Der Vater sah ihn schon von Weitem kommen und er hatte Mitleid mit ihm. Er lief dem Sohn entgegen, fiel ihm um den Hals und küsste ihn" (V. 20). Die stürmische Geschwindigkeit, mit der der Vater reagiert, zeigt, dass seine Umarmung nicht von den Gründen abhängt, die der Sohn anführen kann. Der Vater wartet nicht ab, bis der Sohn etwas sagt! Seine Handlungsweise hängt also weder von den Worten des Sohnes ab, noch ist sie ihnen angemessen. In diesem Moment kann der junge Mann sagen, was er will, aber es besteht keine Notwendigkeit mehr, zu lügen oder die Gründe der Rückkehr zu verschweigen. Er hat nichts zu fürchten: Der Vater ist ihm entgegengelaufen, hat ihn umarmt und geküsst, und diese unmissverständliche Haltung macht jeder verschlagenen Strategie ein Ende. Er wirft dem Sohn nichts vor („Kind, was habe ich gelitten, aber ich bin so froh, dass du wieder da bist!" oder „Hast du endlich eingesehen, wie sehr du dich geirrt hast?"). Das Einzige, was für den Vater zählt, ist, dass der Sohn zurückgekehrt ist. Und als der junge Mann zu seiner Rede ansetzt und erklärt, dass er es nicht mehr verdient, sein Sohn zu sein, unterbricht er ihn. Für den Vater sind das unerträgliche und unakzeptable Worte, eine Möglichkeit, die er nicht einmal in Betracht ziehen kann. So entdeckt der Sohn, dass er im Herz des Vaters immer seinen Platz hatte und dass er niemals aufgehört hat, Sohn zu sein. Keine falsche Entscheidung, kein verwerfliches Verhalten, kein verursachter Schmerz hat je die Tatsache schmälern können, dass er für den Vater ein Sohn ist. Dem berechnenden Sohn offenbart sich ein Antlitz des Vaters, das er nicht vermutet hatte und das ihn nur die Rückkehr nach Hause entdecken ließ: ein Vater, der nicht naiv ist und auch kein strenger Richter, sondern der liebt, ohne zu rechnen und ohne zu messen. Die Worte, die der junge Mann an den Vater richtet, nachdem er von ihm umarmt und geküsst worden ist, können jetzt ohne Angst aus seinem Herz quellen: „Vater, ich habe mich gegen den Himmel und gegen dich versündigt." In dieser wiedergeborenen Beziehung lassen die Geschenke des Vaters an den Sohn seine niemals geschmälerte Liebe nur noch größer werden und errichten so neu die Zeichen einer Sohneswürde, die der Sohn verloren zu haben glaubte. Genau wie Jesus dem Gelähmten von Kafarnaum („*Sohn*, deine Sünden sind die vergeben"; Mk 2,5) gibt auch dieser Vater dem eigenen Sohn seine wahre Identität zurück.

In das Haus des Vaters hineingehen?

Im zweiten Teil des Gleichnisses tritt der ältere Sohn auf. Die Erwähnung, dass er auf dem Feld war (V. 25), ist bemerkenswert, denn das entspricht genau dem Ort, an dem der jüngere Sohn sich befand, bevor er zum Vater zurückkehrte: „Da ging er zu einem Bürger des Landes und drängte sich ihm auf; der schickte ihn aufs Feld zum Schweinehüten" (V. 15). Der jüngere Sohn hatte sein Glück in einem fernen Land gesucht, der ältere Sohn hatte sich niemals vom Haus entfernt. Der erste gibt sich einem zügellosen Leben hin und verschwendet sein Vermögen, der zweite hat sein Leben der Arbeit gewidmet. Aber beide Brüder, wenn auch aus unterschiedlichen und entgegengesetzten Umständen, befinden sich an der genau gleichen Stelle: Sie sind auf dem *Feld*, und von dort aus kehren sie zum Haus des Vaters zurück. Nicht wenige Bibeltexte benutzen das Bild des Feldes in einer negativen Bedeutung: als Lebensbereich der versuchenden Schlange und wilder Tiere (Gen 3,1), als Ort von Tod (auf dem Feld erhebt Kain die Hand gegen seinen Bruder Abel, vgl. Gen 4,8) und Gewalt (die hebräischen Sklaven müssen Zwangsarbeiten auf dem Feld leisten, vgl. Ex 1,14), als Bild für prophetische Drohungen (vgl. Hos 2,14; Jer 26,18), als einen Ort, wo sich gegensätzliche Kräfte messen (Mt 13,24–30). Tatsächlich zeigen die beiden Brüder im gesamten Gleichnis kein einziges Zeichen von Brüderlichkeit: Der jüngere erwähnt nie den älteren, und dieser seinerseits erkennt ihn nicht an („Kaum aber ist der hier gekommen, *dein* Sohn", V. 30). Aber im Grunde haben der jüngere und der ältere Sohn mehr gemeinsam, als sie glauben: Sie sind beide weit entfernt vom Vater und von seinem Willen, sie als „Brüder" zu sehen. Aber dieser gebraucht für alle beide denselben Titel, nämlich „Sohn" (V. 24; V. 31) und fordert jeden von ihnen auf, ins Haus hineinzugehen, um so an dem Fest teilzunehmen, bei dem der Vater einen dem anderen zurückgibt, indem er „dein Bruder" sagt (V. 32).

Es gibt noch andere Eigenschaften, die den beiden Brüdern gemeinsam zu sein scheinen. Anscheinend bedeutet die Tatsache, dass der ältere Sohn mühsam auf dem Feld arbeitet, dass im Haus des Vaters der Status eines Sohnes kein Grund ist, nichts zu tun und sich dem süßen Leben hinzugeben. War das vielleicht der Grund, warum der jüngere Sohn beschlossen hatte, wegzugehen? Aber trotz der unterschiedlichen Optionen, zügelloses Leben der eine und arbeitsreiches Leben der andere, wenn es um ihr Leben mit dem Vater geht, werden beide als Tagelöhner charakterisiert. Sie haben beide an genau denselben Kriterien teil, die auf der Vergeltungslogik beruhen: Ich habe gesündigt, also verdiene ich die Strafe, nicht mehr dein Sohn zu sein; ich habe dir immer gedient, also verdiene ich deine Belohnung. Der Jüngere wagt nicht, mehr zu wollen; der Ältere scheut sich nicht, den Vater zu kritisieren: „So viele Jahre schon diene ich dir, und nie habe ich gegen deinen Willen gehandelt; mir aber hast du nie auch nur einen Ziegenbock geschenkt, damit ich mit meinen Freunden ein Fest feiern konnte" (V. 29). Obwohl die Perspektiven entgegengesetzt sind, kommt derselbe berechnende Blick auf, der beiden die Möglichkeit nimmt, die Erfahrung des unendlich großzügigen Herzens des Vaters zu machen. Er ist es dann auch, der sich als eine mächtige Gestalt zeigt, in einem absolut ungewöhnlichen Vatersein, das den jüngeren Sohn bedingungslos annimmt und dem älteren zeigt, dass er um nichts zu bitten braucht, denn: „Du bist immer bei mir, und alles, was mein ist, ist auch dein" (V. 31). Den Söhnen gegenüber rechnet er also nicht und hat auch niemals etwas berechnet, er hat einfach immer nur alles teilen wollen. Sein Vatersein ist ihnen gegenüber reine Beziehungshaftigkeit, in einer Anwandlung von maßloser Liebe und Zärtlichkeit.

Die Mentalität eines Tagelöhners

Warum geht der ältere Sohn, als er Musik und Tanz hört, nicht sofort ins Haus, sondern ruft einen Knecht, um Informationen zu erhalten? Hat er vielleicht schon einen Verdacht, nachdem er ja schon so lange dem Vater nahe ist? Hatte der Vater ihm vielleicht schon seine Absichten für den Fall einer Rückkehr seines Bruders angedeutet? Will seine Empörung vielleicht den Vater dazu bringen, es sich anders zu überlegen? Es sind alle möglichen Antworten denkbar, aber der Text will den Kontrast hervorheben zwischen den Worten des Knechtes, die ihn einladen, seine Familienbande anzuerkennen (*„Dein* Bruder ist gekommen, und *dein* Vater hat das Mastkalb schlachten lassen", V. 27), und den Worten, die der Sohn stattdessen an den Vater richtet („Kaum aber ist der hier gekommen, *dein* Sohn, der *dein Vermögen* mit Dirnen durchgebracht hat, da hast du für ihn das Mastkalb geschlachtet", V. 30). Er leugnet sein Band zum Bruder und spottet über das Verhalten des Vaters, und so geht er zu beiden auf Distanz. Er will nicht in das Haus des Vaters hineingehen, weil sein Herz inzwischen „in einem fernen Land" weilt. Im Unterschied zum jüngeren Bruder betont er seinen langen und ausgezeichneten Dienst und den Gehorsam gegenüber den Befehlen des Vaters. Diese Beschreibung allein stellt schon eine Art mustergültigen Lebenslauf dar, aber die Beziehungen zum Vater werden mit großer Kälte beschrieben, in Begriffen von „Gehorsam" und von „Befehlen". Er hat seinen Gesetzen gehorcht, und darum erwartet er von ihm eine Belohnung, eine Entschädigung, auch wenn sie nicht genau der ganzen Mühe entspricht: Wenigstens ein Ziegenböckchen, um „mit meinen Freunden ein Fest zu feiern" (V. 29), aber zu dem Fest, das er vorhat, sind der Vater und der Bruder nicht eingeladen! Wird er wohl jemals die Bitte erfüllen, sich dem Fest anzuschließen, das der Vater für den jüngeren Sohn bereiten ließ?

Die Einladung annehmen

Es entsteht eine Schwierigkeit: Warum hat der Vater den älteren Sohn nicht sofort eingeladen, warum hat er das Feiern ohne ihn begonnen? Warum hat er ihn nicht rufen lassen, oder warum hat er nicht darauf gewartet, dass er vom Feld zurückkam? Das Gleichnis gibt keine Antwort, aber es lässt klar erkennen, dass es allein die unanfechtbare Entscheidung des Vaters war, das Fest zu beginnen („wir wollen feiern [essen und fröhlich sein]", V. 23): Sie hängt nicht vom Willen des Sohnes ab. Sie erwächst direkt aus dem „Mitleid" (V. 20) und der überreichen Freude des Vaters über den Sohn, „der ins Leben zurückgekehrt ist", und das kann nicht ausgeschaltet werden. Für das Herz des Vaters gibt es keine Alternative: „Wir *müssen* uns doch freuen und ein Fest feiern" (V. 32). Der ältere Sohn kann jetzt nur entscheiden, entweder an dem Fest teilzunehmen und so die Gefühle und die Werte des Vaters teilen, oder sich zu weigern und zu rebellieren. Das offene Ende des Gleichnisses sagt nicht, welches die Antwort des älteren Sohnes gewesen wäre. Beide Szenen, die mit dem jüngeren Sohn (V. 12–24) und die mit dem älteren Sohn (V. 25–32), enden mit Worten des Vaters: Er ist es, der den Gang der Geschichte bestimmt und jeden Leser hinterfragt, den er zusammen mit den beiden Söhnen am Herz des Vaters teilhaben lässt. Es geht einzig darum, sich mit seinem Standpunkt, seinen Gründen und seinen Entscheidungen zu konfrontieren. Am Ende des Gleichnisses stehen alle an einem Scheideweg: hineinzugehen in jenes Haus und am Fest teilzunehmen, oder fernzubleiben, ohne die Freude des Vaters zu teilen, ohne seine barmherzige Umarmung zu akzeptieren und ohne seine Vergebung anerkennen zu wollen, die Leben wiedergibt und Brüder schafft.

Das Mitleid eines Vaters

Während die Gestalt des Vaters am Anfang des Gleichnisses als eher nebensächlich erscheint, gewinnt sie immer mehr an Gehalt ab dem Augenblick, in dem der jüngere Sohn vom Haus aus zu sehen ist. Schließlich nimmt sie die Rolle der absoluten Hauptfigur ein, die den Gang der Ereignisse bestimmt. Was die Situation des Vaters verschiebt, wird ganz plötzlich klar: Als er den Sohn schon von weitem sieht, hat der Vater „Mitleid" (V. 20). Es ist dieses tiefe Mitleid, das eine schnelle Folge seiner Handlungen auslöst: Er läuft dem Sohn entgegen, fällt ihm um den Hals und küsst ihn. Das Verb „Mitleid spüren" (das das hebräische Substantiv *rachamim*, Erbarmen, übersetzt) betont ein Mitleid, das aus dem Innersten kommt: Er schafft es nicht zu warten, bis der Sohn am Haus ankommt, sondern stürzt von dieser unbezähmbaren Kraft getrieben auf ihn zu. Vor allem die Propheten haben diese verwirrende Erschütterung in Gottes Innerem beschrieben: „Blick vom Himmel herab und sieh her von deiner heiligen, herrlichen Wohnung! Wo ist dein leidenschaftlicher Eifer und deine Macht, dein großes Mitleid [das Beben deiner Eingeweide] und dein Erbarmen?" (Jes 63,15; vgl. auch Jes 49,15; Hos 2,21; Sach 1,16; Ps 145,9). Das so beschriebene Mitleid ist das genaue Gegenteil der Unerschütterlichkeit oder Härte des Herzens und ist so die grundlegende Qualität jenes Gottes, der Barmherzigkeit ist: eine Zärtlichkeit, die bis zur körperlichen Erschütterung geht, ein Eifer und eine Leidenschaft, die ihn antreiben, immer und sehr effektiv zu handeln.

Auch der Dialog des Vaters mit dem jüngeren Sohn zeigt die Tiefe des Geheimnisses seiner Barmherzigkeit. Mit großer Zärtlichkeit wiederholt er das Wort „Sünde" nicht, das der

Sohn gerade ausgesprochen hat, und hält sich auch nicht mit den zwiespältigen Motivationen auf, die ihn nach Hause zurückgeführt haben. Das Einzige, woran er denkt, ist die Gefahr, der der Sohn entkommen ist: Der Tod war schon dabei, ihm seinen Sohn zu rauben! Für den Vater zählt nur, dass der Sohn jetzt da ist, wieder zu Haus ist, jetzt wieder Sohn ist durch eine Liebe, die nie kleiner geworden war.

Der Vater erklärt, dass die Entfernung des Sohnes (mit der daraus folgenden Trennung von Vater und Bruder) für den Sohn ein Tod war und dass seine Rückkehr bedeutet, wieder ins Leben zurückzukehren (V. 24). Seine Rückkehr in dieses Leben war ein langer Weg mit typisch österlichen Aspekten. In seinem Übergang vom Tod zum Leben ist der jüngere Sohn auf geheimnisvolle Weise mit dem Ostergeheimnis des gekreuzigten und auferstandenen Christus verbunden. Die Umkehr als Rückkehr zum Vater ist die Dynamik, die dem christlichen Leben eigen ist: eine ständige Spannung, die von einer *Liebe* gestützt wird, die alles Begreifen übersteigt und in der sich jenes Ereignis spiegelt, in dem sich diese *Liebe* ohne alles Maß beweist: im Osterereignis des Herrn. Daher kann das Leben des Christen nichts anderes sein als ein ausgesprochen österliches Leben.

Die Gaben der Barmherzigkeit

Aus der übergroßen Freude des Vaters entspringen die Gaben, die der Sohn empfängt. In ihnen sind schon oft wichtige Züge des großen Symbolschatzes der christlichen Tradition erkannt worden.

Das beste Gewand kann direkt mit dem neuen Zustand von Leben assoziiert werden, in den der Vater den Sohn wieder einsetzt, und schafft typische Anklänge an die Taufe:

„Denn ihr alle, die ihr auf Christus getauft seid, habt Christus als Gewand angelegt" (Gal 3,27). Daraus folgt: „Jetzt aber sollt ihr das alles ablegen: Zorn, Wut und Bosheit; auch Lästerungen und Zoten sollen nicht mehr über eure Lippen kommen. Belügt einander nicht; denn ihr habt den alten Menschen mit seinen Taten abgelegt und seid zu einem neuen Menschen geworden, der nach dem Bild seines Schöpfers erneuert wird, um ihn zu erkennen" (Kol 3,8–10). Hier wird das Leben des Christen durch die Taufe in neuen Begriffen definiert, mit einem Verhalten, das undenkbar ist für jeden Menschen, der noch in die erdrückende Last der Sünde eingetaucht ist. Denn wenn der Getaufte jemand ist, der „neu geboren" wurde, kann sein neues Leben nur das Leben *von* Christus und das Leben *in* Christus sein. Der Brief an die Kolosser unterstreicht, dass dieses Wachstum durch eine ständige Erneuerung geschieht. So verbindet sich das Sakrament der Versöhnung zutiefst mit dem Sakrament unserer Taufe:

Das in der christlichen Initiation erhaltene neue Leben hat jedoch die Gebrechlichkeit und Schwäche der menschlichen Natur nicht behoben und auch nicht die Neigung zur Sünde, die sogenannte „Konkupiszenz". Diese verbleibt in den Getauften, damit sie sich mit Hilfe der Gnade Christi im Kampf des christlichen Lebens bewähren (KKK 1426). Der Ruf Christi zur Umkehr ergeht auch weiterhin im Leben der Christen. Die *zweite Umkehr* ist eine fortwährende Aufgabe für die ganze Kirche; [...] Sie ist die Regung eines „zerknirschten ... Herzens" (Ps 51,19), das durch die Gnade dazu gebracht und bewegt wird, der barmherzigen Liebe Gottes, der uns zuerst geliebt hat. (KKK 1428)

Der Ring am Finger zeigt die Macht, mit der der Sohn neu bekleidet wird. Um Josef, dem Sohn Jakobs, Vollmacht zu verleihen, gibt der Pharao ihm seinen Ring (Gen 41,42), und dasselbe tut der persische König Artaxerxes bei seinem Vertrauten Haman (Est 3,10). Der Ring ist ein Symbol von Zugehörigkeit und Einheit. Der Sohn wird wieder in die volle Gemeinschaft mit dem Vater eingesetzt und hat teil an seiner Herrschaft.

Die Sandalen an den Füßen haben damit zu tun, dass es ein Privileg der freien Männer war, Schuhe und Sandalen zu tragen. Die Kriegsgefangenen und die Sklaven mussten barfuß gehen (Jes 20,2.4). So wird der Sohn wieder in seine alten Rechte eingesetzt.

Der letzte Hinweis, den der Vater gibt, betrifft die Vorbereitungen für ein Fest. Der Befehl, das *Mastkalb* zuzubereiten und die ausdrückliche Aufforderung zum Essen ist eine Anspielung auf das Festmahl mit den besten („fettesten") Speisen, das den Bund zwischen Gott und der Menschheit anzeigt: „Der Herr der Heere wird auf diesem Berg für alle Völker ein Festmahl geben mit den feinsten Speisen, ein Gelage mit erlesenen Weinen, mit den besten und feinsten Speisen, mit besten, erlesenen Weinen" (Jes 25,6). Besonders das Deuteronomium verbindet das Thema des Festmahls mit dem Freudenfest in der Gegenwart JHWHs:

Ihr sollt nicht das Gleiche tun, wenn ihr den Herrn, euren Gott, verehrt, sondern ihr sollt nach der Stätte fragen, die der Herr, euer Gott, aus allen euren Stammesgebieten auswählen wird, indem er dort seinen Namen anbringt. Nach seiner Wohnung sollt ihr fragen und dorthin sollst du ziehen.
Dorthin sollt ihr eure Brandopfertiere und Schlachtopfertiere bringen, eure Zehnten und Handerhebungsopfer, was ihr dem Herrn gelobt habt und was ihr freiwillig gebt, und die Erstlinge eurer Rinder, Schafe

und Ziegen. Dort sollt ihr vor dem Herrn, eurem Gott, das Mahl halten. Ihr sollt fröhlich sein, ihr und eure Familien, aus Freude über alles, was eure Hände geschafft haben, weil der Herr, dein Gott, dich gesegnet hat (Dtn 12,4–7; vgl. auch Dtn 14,22–24; 16,10–17).

Im Neuen Testament finden sich zahlreiche Texte, die auf ein freudiges und vertrautes Festmahl verweisen, an dem man teilnehmen soll: Bei Lukas steht das Gleichnis über die Männer, die zu einem großen Abendmahl geladen sind, kurz vor den drei Gleichnissen von der Barmherzigkeit (Lk 14,16–24). Am Ende der Szene erhält das Festmahl, das der Vater für den zurückgekehrten Sohn bereiten lässt, einen rituellen und zeremoniellen Stellenwert. Sein Ziel ist, den zu feiern, der einen Übergang durchlebt hat, und seine Verwandlung anzuzeigen. Außerdem feiert es die gegenseitige Solidarität, die nun den Vater mit dem Sohn verbindet, das zwischen ihnen bestehende Band, ihre Einheit. Viele haben darin einen Verweis auf das Passahmahl gesehen, das Christus beim Letzten Abendmahl gefeiert hat und in dem der Bund zwischen Gott und den Menschen für immer in seinem Blut errichtet wurde (Lk 22,20). Die ausdrückliche Einladung, an seinem Festmahl teilzunehmen, wird auch vom Engel der Johannesoffenbarung aufgenommen, der Johannes folgenden Befehl gibt: „Schreib auf: Selig, wer zum Hochzeitsmahl des Lammes eingeladen ist" (Offb 19,9; vgl. 19,7). Diese Seligpreisung wird mit einer kleinen Anpassung in der Messliturgie verwendet, um zur eucharistischen Gemeinschaft einzuladen. Nach der Taufe wird auch die Eucharistie mit dem Sakrament der Versöhnung verbunden, denn für die christliche Gemeinde zeigt diese die Forderung von ständiger Umkehr und stellt die versöhnende Macht des Ostern des Herrn zur Verfügung: „Die tägliche Umkehr und Buße finden ihre Quelle und Nahrung in der Eucharistie, denn in ihr wird das Opfer Christi gegenwärtig, das uns mit Gott versöhnt hat. Durch sie wird genährt und gestärkt, wer aus dem Leben Christi lebt" (KKK 1436).

Das Fest der Vergebung

Der Vater erklärt dem älteren Sohn, dass es *notwendig* sei, „zu feiern und sich zu freuen". Der Vater gehorcht einer höheren Logik, an die er sich unbedingt halten muss, eine Logik, die sich von der Sichtweise des älteren Sohnes unterscheidet und höher steht als diese: „Er liebt, er kann nicht anders" (Papst Franziskus, Homilie in der Kirche Santa Marta, 28. März 2014). Sein Vatersein lässt ihn die Beziehung zum Sohn an die erste Stelle setzen: Genau das ist der Sinn seines Vaterseins. Wenn der Sohn „tot gewesen" wäre, hätte er selbst aufgehört, dessen Vater zu sein! Indem er zum Vater zurückkehrt, ist er „zum Leben zurückgekehrt", zum Leben als Sohn, das den Vater selbst neu belebt, sodass dieser ihm sofort entgegenläuft. Der ältere Sohn ist eingeladen, die Kreisförmigkeit dieser tiefen Liebe zu verstehen, die den Vater mit dem Sohn verbindet – eine Kreisförmigkeit, die auch für ihn selbst gilt. Indem er den Sohn wiederfindet, kann der Vater ihm den Bruder wiedergeben, ohne den auch der ältere Sohn seine eigene Identität als Bruder verloren hätte. So ist es für das tiefe Mitleid, das das Handeln des Vaters bestimmt, die größte Freude zu sehen, dass die Söhne sich als Brüder anerkennen. Darin erreicht das Vatersein seinen Höhepunkt und erstrahlt in all seinem Licht. Bei einer Auslegung des Gleichnisses des verlorenen Sohnes hat Papst Benedikt XVI. das so zusammengefasst:

Dieser Abschnitt aus dem Evangelium des hl. Lukas ist ein Höhepunkt der Spiritualität und der Literatur aller Zeiten. Denn was wären unsere Kultur, die Kunst und unsere Zivilisation im allgemeinen ohne diese Offenbarung eines Gottvaters voll Erbarmen? Ständig bewegt sie uns, und jedesmal, wenn wir sie hören oder lesen, kann sie uns immer neue Bedeutungen nahelegen. Der Text aus dem Evangelium besitzt vor allem die Kraft, zu uns von Gott zu sprechen, uns sein Antlitz, besser noch: sein Herz kennenlernen zu lassen. Nachdem Jesus uns vom barmherzigen Vater erzählt hat, sind die Dinge nicht mehr so wie vorher, jetzt kennen wir Gott: Er ist unser Vater, der uns aus Liebe zu uns frei und mit einem Gewissen begabt geschaffen hat, der leidet, wenn wir uns verirren, und ein Fest feiert, wenn wir zurückkehren. Aus diesem Grund baut sich die Beziehung mit ihm über eine Geschichte hinweg auf, ähnlich wie dies jedem Kind mit seinen Eltern widerfährt: Anfangs hängt es von ihnen ab; dann beansprucht es seine Selbstständigkeit; und schließlich – wenn eine positive Entwicklung gegeben ist – gelangt es zu einer reifen Beziehung, die auf Dankbarkeit und echter Liebe gründet (Angelus, 14. März 2010).

Das Gleichnis vom Vater und den zwei Söhnen illustriert diese weise Pädagogik der Barmherzigkeit Gottes nicht, damit wir auf abstrakte Weise über das Geheimnis der vergebenden Liebe meditieren, sondern ermutigt jeden Mensch, in Christi Namen und in Einheit mit ihm von dieser Barmherzigkeit Gebrauch zu machen. So führt uns die Heil bringende Liebe zur Anerkennung unserer Untreue, indem wir unsere Sünden bekennen. Auf diese Weise, in der Offenbarung der Liebe Gottes, wird das Wort des Herrn ständig Fleisch im Leben eines jeden Gläubigen und prägt seinem verwundeten Gewissen das Antlitz des Vaters ein, der reich an allem Trost ist. Daher kann die Kirche nicht anders, als die göttliche Barmherzigkeit in ihrer ganzen Wahrheit zu bekennen, welche die Offenbarung uns überliefert, und von ihr Zeugnis abzulegen, indem sie sich in ihren Dienst stellt:

Im Licht dieses unerschöpflichen Gleichnisses von der Barmherzigkeit, die die Sünde tilgt, versteht die Kirche, indem sie den darin enthaltenen Anruf aufnimmt, ihre Sendung, auf den Sobwohl/trotzdemen des Herrn für die Bekehrung der Herzen und die Versöhnung der Menschen mit Gott und untereinander zu wirken, zwei Bereiche, die eng miteinander verbunden sind (Johannes Paul II., *Reconciliatio et paenitentia, Über Versöhnung und Buße in der Sendung der Kirche heute*, Nr. 6).

Fragen von Schulden und von Schuldnern

In der Bergpredigt (Mt 5–7), der ersten und längsten von Jesu Reden im Evangelium nach Matthäus, behandelt der zentrale Text die drei klassischen Formen der jüdischen Frömmigkeit: Almosen, Gebet und Fasten (6,1–18). Im Zentrum der Lehre über das Gebet, also am allerzentralsten Punkt der ganzen Rede, steht das Gebet des Vaterunsers (6,9–13). Diese Zentralität des Gebetes, das Jesus seine Jüngern und die Menge gelehrt hat, zeigt, dass es ein kostbares Geschenk ist, ein unschätzbarer Edelstein, der seine Fassung innerhalb dieser Lehrrede Jesu erhielt. Die Beziehung des Christen zum Vater bildet die Basis all seines Seins und Handelns. Das Gebet ist in sieben Bitten strukturiert (sieben ist die Zahl der Ganzheit und der Vollkommenheit). Die ersten drei beziehen sich hauptsächlich auf die Initiative Gottes, die durch die Possessivpronomen der zweiten Person hervorgehoben wird (*dein* Name, *dein* Reich, *dein* Wille, 6,9–11). Die letzten vier sind Bitten, die einige der menschlichen Grundbedürfnisse betreffen, und unter Gebrauch des Personal- und Possessivpronomens der ersten Person formuliert werden (gib *uns unser* Brot, erlass *uns unsere* Schulden, führe *uns* nicht, sondern rette *uns*). Die fünfte Bitte ist als Bitte um Vergebung gestaltet.

Wenn Matthäus von „Schulden" (griech. *opheilémata*) und von „Schuldnern" (gr. *opheilétais,* Mt 6,12) spricht, benutzt er eine rechtlich-kommerzielle Sprache: „Die Schulden" bedeuten vor allem jene Gelder, die zurückgezahlt wurden, um nicht einer Strafe zu verfallen. Um die Konsequenzen der sozialen Ungleichheit auszugleichen, befahl das Gesetz des Sabbatjahrs, die Sklaven freizulassen, was eine Maßnahme zugunsten jener

Menschen war, die versklavt wurden, weil sie nicht in der Lage waren, ihre Schulden zu bezahlen (vgl. Ex 21,2-6; Dtn 15,1-11). In der Parallelstelle gebraucht Lukas den Ausdruck „erlass uns unsere Sünden" (griech. *amartías*, Lk 11,4), weil er die Bitte theologisch genauer bestimmen will: „Schulden" Gott gegenüber sind „Sünden". Die beiden Versionen konvergieren also, und beim Beten des Vaterunsers benutzt der Christ ohne Schwierigkeiten den Ausdruck „Schuld" und denkt dabei an „Sünden". Er darf aber nicht den Hauptsinn des von Matthäus gebrauchten Begriffs vergessen, weil der einen Verweis auf das Gleichnis des guten Königs und des unbarmherzigen Dieners beinhaltet (Mt 18,21-35), eines Gleichnisses, das sich nur bei Matthäus findet, und in dem zum zweiten und letzten Mal der Begriff „Schulden" (*opheilémata*) vorkommt. Ausgehend von diesem Gleichnis wollen wir die Vaterunserbitte um Vergeben unserer Schulden zu verstehen suchen.

Das Gleichnis vom guten König und vom hartherzigen Diener

Das Gleichnis (Mt 18,21–35) entsteht aus einem Gespräch zwischen Petrus und Jesus über die Versöhnung unter den Jüngern: „Herr, wie oft muss ich meinem Bruder vergeben, wenn er sich gegen mich versündigt? Siebenmal?" Die Frage scheint eine Versöhnungspraxis innerhalb der christlichen Gemeinde vorauszusetzen, bei der einige Kriterien geklärt werden müssen. Der Ausgangspunkt des Petrus ist sicher großzügig: „Siebenmal?" Die Antwort Jesus aber ist beunruhigend: Man soll nicht rechnen und zählen. Der Jünger soll eine Haltung annehmen, die der Dynamik des Himmelreichs entspricht, in dem die Barmherzigkeit keine Grenzen kennt und eine Vergebung ohne Maß und Vorbehalte hervorbringt. Diese schwindelerregende Perspektive, die Jesus eröffnet, wird durch die Gleichniserzählung illustriert, in der es um eine riesige und unbezahlbare Schuld geht, die ein Diener gegenüber seinem Herrn aufgehäuft hat. Die Erzählung besteht aus drei Szenen, deren erste und zweite symmetrisch, aber entgegengesetzt sind. Zuerst wird die Handlung des Herrn beschrieben, der vergibt (V. 23–27), dann die des Dieners, der straft (V. 28–30), und die dritte Szene stellt die beiden Handlungsweisen einander gegenüber (V. 31–34) und erreicht ihren Höhepunkt in den letzten Worten, die der Herr spricht: „Hättest nicht auch du mit jenem, der gemeinsam mit dir in meinem Dienst steht, Erbarmen haben müssen, so wie ich mit dir Erbarmen hatte?" (V. 33). Der Kontrast wird noch verstärkt durch einige Differenzierungen: der soziale Unterschied zwischen Herr und Diener in der ersten Szene und die Gleichheit zwischen Diener und Mit-Diener (*doūlos* und *syndoūlos*) in der zweiten, die enorme Schuld in der ersten und die lächerlich kleine in der zweiten, die Rolle des Dieners, der zuerst ein insolventer Schuldner und dann ein hartherziger Gläubiger ist. Das Ziel ist, eine Vorstellung vom unendlichen Ausmaß von Gottes Vergebung zu bekommen, vor allem im Vergleich zur begrenzten und reichlich kleinlichen menschlichen Realität.

Eine unbegleichbare Schuld

Im ersten Moment verlangt der Herr vom Diener, seine Schuld zu begleichen. Es handelt sich um zehntausend Talente, eine völlig unverhältnismäßige Summe, wenn man bedenkt, dass die Jahreseinnahmen des Herodesreiches neunhundert Talente betrugen und die Steuereinnahmen von Galiläa und Peräa zusammen nicht zweihundert Talente überstiegen. Der Erzählung will klarmachen, dass eine solche Schuld auf keinen Fall von dem Diener beglichen werden kann, dessen verzweifelte Bitte („er fiel auf die Knie") bewegend, aber irreal ist: „Hab Geduld mit mir! Ich werde dir alles zurückzahlen" (V. 26). Es gibt keinen Aufschub, der ausreichen würde, um eine solche Schuld zu begleichen! Die Wahrheit ist, dass er keine Möglichkeit hat, sich ihrer zu entledigen. Die unerwartete Lösung kommt (wieder einmal!) durch das „Mitleid" (V. 27), welches das Handeln des Herrn bestimmt. Auf einen ersten Befehl, „ihn mit Frau und Kindern und allem, was er besaß, zu verkaufen", um so die Schulden zu tilgen, folgt stattdessen die überraschende Entscheidung, ihn gehen zu lassen und ihm die Schuld vollständig zu vergeben. Die Vergebung einer so großen Schuld müsste sich bei dem, dem sie zugutegekommen war, in einer Haltung von Dankbarkeit und Barmherzigkeit auswirken vor allem, wenn der Schuldner ein *Mit-Diener* ist, also jemand, dessen Armut und Bedürftigkeit man gut kennt, weil man sie selbst erfahren hat. Und das erst recht bei einer Schuld, die im Vergleich zu der gerade erlassenen so bescheiden ist. Aber das geschieht nicht: „Beim Hinausgehen" (V. 28) trifft der Diener einen Kollegen, der ihm seinerseits hundert Denare schuldet. Für einen Diener entsprechen hundert Denare ungefähr etwas mehr als drei Monatslöhnen, also einer Summe, die nicht völlig unbedeutend ist, wenn man Kriterien von gegenseitiger Gerechtigkeit unter Kollegen zugrunde legt. Aber die Einführung des Gleichnisses verlangt es, einen anderen Vergleich anzustellen. „Ein König beschloss, von seinen Dienern Rechenschaft zu verlangen" (V. 23): Die Bewertungsachse ist nicht horizontal, unter Gleichgestellten, sondern vertikal, zwischen einem König und einem Diener. Wenn ein König einem Diener eine so riesige Schuld vergibt, was sollte man dann von diesem erwarten? Ein weiteres Detail verdient unsere Aufmerksamkeit: „Als er nun mit der Abrechnung begann, brachte man einen zu ihm, der ihm zehntausend Talente schuldig war" (V. 24): Die Anhörung des Dieners geschieht zu Beginn der richterlichen Tätigkeiten des Königs, was vermuten lässt, dass diese auch danach weitergehen. Außerdem wissen wir nicht, wer diejenigen sind, die den schuldenbeladenen Diener zum König „bringen", aber der Diener muss wohl wegen ihres Handelns vor dem Richter-König Rechenschaft ablegen. Der Herr hat den Diener nicht direkt gerufen, sondern er verlangt Rechenschaft von ihm, weil andere ihn erwähnt haben. Nachdem ihm nun eine solche Schuld vergeben wurde, hätte der Diener zumindest aufmerksamer und klüger sein müssen: Die Begleichung der Schuld, die der König ihm erlässt, hat Auswirkungen auf die Beziehungen, welche die „Diener" (*syndouloi*) unter sich pflegen.

Abrechnung halten

In der zweiten Szene wird die Hartherzigkeit des Dieners als Gläubiger seines Kollegen schon zu Beginn mit aller Härte betont: „Er packte ihn und würgte ihn", und dann folgt der Imperativ „Bezahl, was du mir schuldig bist!" (V. 28). Der Diener fordert nichts anderes, als ihm zusteht: Es ist eine Frage der Gerechtigkeit, und dagegen wäre nichts einzuwenden, wenn er nicht kurz zuvor für sich selbst eine andere Handlungsweise erbeten hätte. Denn durch den Erlass seiner Schulden hat der Diener nicht nur ein Geschenk der Barmherzigkeit empfangen, sondern ihm wurde auch gezeigt, wie das Herz seines Herrn reagiert, und dass dessen andere Art, die Schuld und den Schuldner zu bewerten, auch von ihm selbst erwartet wurde. Sein Herz bemisst die Gerechtigkeit nicht einfach nach dem, was jemand schuldet. Indem er ihm Mitleid erwies, hatte der Herr ihm gezeigt, dass Barmherzigkeit möglich und realisierbar war, und hatte ihm seine Bitte jenseits von allem Erhofften erfüllt. Auf verblüffende Weise hat der König die „Abrechnung" damit begonnen, dass er die Schulden erlassen hat!

Der Diener, der so Anteil am Herzen des Königs erhielt und seine geheimnisvolle Gerechtigkeit erfuhr, hätte diese Barmherzigkeit auf andere ausdehnen können: Er hätte es tun können und deshalb tun müssen. Die Bitte um Aufschub seitens des Kollegen, der sein Schuldner ist (V. 29), ist genau parallel formuliert zu der Bitte, die er selbst an den Herrn gerichtet hatte (V. 26), hat aber nicht die Wirkung, die von ihr erwartet wurde und die sie haben *musste*. Die Hartherzigkeit des Dieners ist also nicht zu rechtfertigen! Der Kollege, der ihm Geld schuldig war, wird ins Gefängnis geworfen, „bis er die Schuld bezahlt habe" (V. 30).

Das letzte Urteil

Der letzte Akt des Gleichnisses wird mit der Reaktion der anderen „Diener" (*syndouloi*) eröffnet (V. 31). Sie sind „sehr betrübt": Es ist eine Mischung von Schmerz und von Trauer. Die Präposition *syn* (lat. *con*) drückt ein besonderes Band aus, das jene Diener untereinander verbindet. Sie bilden eine geschlossene Gruppe im Dienst des Richter-Königs. Als solche und aufgrund ihres Dienstes erhalten sie von ihm Anweisungen, an die sie sich halten müssen. Die Diener können also nicht anders, als die Perspektive des Herrn zu übernehmen, die Perspektive des Mitleids. Genau aus dieser heraus bewerten sie das Handeln des unbarmherzigen Dieners, denn sie „gingen zu ihrem Herrn und berichteten ihm alles, was geschehen war" (V. 31). Im Unterschied zu dem unbarmherzi-

gen Diener hat in den „Dienern" (*syndouloi*) die Barmherzig-
keit des Herrn ihren Sinn für Gerechtigkeit geprägt: Sie bildet
die Norm, die ihre Beziehungen und ihren Dienst bestimmt.
Indem er keine Barmherzigkeit zeigte, hat der unbarmherzige
Diener das missachtet, was der Herr ihn konkret gelehrt hatte,
und sich von seinen Kollegen distanziert. „Da ließ ihn sein
Herr rufen und sagte zu ihm: Du elender Diener!": Ein elender
Diener kann nicht in seinem Dienst stehen, ist nur „ein
Mensch", der vor ihn gebracht wird. So wird die Identität der
christlichen Gemeinde skizziert: Die Jünger des Herrn bilden
eine Bruderschaft, die auf der Barmherzigkeit basiert, die der
Herr ihnen erwiesen hat, und deren fundamentales Regulativ
der Erlass der Schulden ist. Die unbegrenzte und bedingungslose Vergebung bestimmt die brüderlichen Beziehungen und
führt zu einem Dienst, der in der Barmherzigkeit sein inspi-
rierendes Element findet. So realisiert sich die Dynamik des
Gottesreiches in der Welt und verwandelt „den Menschen"
christologisch in einen „Diener", in das Bild dessen, von dem
gesagt ist: „Obwohl er in der Gestalt Gottes war, entäußerte er
sich selbst, nahm die Gestalt eines Dieners an und wurde
gehorsam bis zum Tod, bis zum Tod am Kreuz" (Phil 2,6–8).

Nachdem er sich nicht von der Dynamik der mitleidigen
Liebe des Herrn hatte bewegen lassen, sieht sich der Diener in
einen dramatischen und verheerenden Schlussakt verwickelt.
Das Urteil des Herrn ergeht nach einem Kriterium von
Gerechtigkeit, das der Diener selbst gegenüber seinem Kollegen angewendet hat. Die Erklärung des Königs: „Deine
ganze Schuld habe ich dir erlassen, weil du mich so angefleht
hast", zeigt, dass das Flehen des Dieners für ihn ein Gebet war,
das unmittelbar sein Herz angerührt hatte. Es folgt eine rheto-
rische Frage: „Hättest nicht auch du mit jenem, der gemein-

sam mit dir in meinem Dienst steht, Erbarmen haben müssen, *so wie* (griech. *ōs kai*, mit vergleichendem Sinn) ich mit dir Erbarmen hatte?" (V. 33). Hineingenommen in die Barmherzigkeit des Herrn hätte der Diener dessen Herz nachahmen und Mitleid mit dem Kollegen haben müssen, hätte sich von jenem überfließenden und bedingungslosen Mitleid leiten lassen müssen, das ihm selbst zugutegekommen war. Das Ende ist bitter und so verstörend wie die Barmherzigkeit des Anfangs: „Und in seinem Zorn übergab ihn der Herr den Folterknechten, bis er *die ganze Schuld* bezahlt habe." Alles in allem verhält sich der Herr dem Diener gegenüber genau gemäß den Wünschen, die dieser nacheinander geäußert hat: Mit seinem Flehen hat er das Herz des Herrn zur Barmherzigkeit bewegt, und mit seiner Forderung dessen, was ihm geschuldet wird, hat er seine Gerechtigkeit ausgelöst, eine Gerechtigkeit, die nicht die immense Größe der Schuld in Betracht zieht und ihm so zum Ruin wird. Die Erzählung macht noch deutlich, dass Gottes Antlitz, sei es mitleidig oder zornig, sich im Antlitz seiner Diener widerspiegelt: „mitleidig", wenn brüderliche Vergebung geschieht, „bedauernd", wenn der Barmherzigkeit kein Raum gegeben wird. Das Gleichnis zeigt also eine Dynamik der Vergebung in drei Schritten: Zuerst geschieht die unverdiente und unermessliche Vergebung, die der Herr dem Diener gewährt; in einem zweiten Moment dehnt diese sich aus und prägt die Beziehungen unter denen, die im Dienst des Herrn stehen; und schließlich wird die Brüderlichkeit, die aus dieser Vergebung entspringt und sich aus ihr nährt, ihrerseits zu Grundlage und Bezugspunkt für ein letztes Urteil. Es handelt es sich um eine Entwicklung, deren Ausgangspunkt und Erfüllung in der Gestalt des Herrn liegt, aber deren Fortschreiten die Diener einbezieht und sie verpflichtet, nach dem „Herzen" dessen zu leben, der als unendlich barmherzig erscheint.

Die abschließenden Worte Jesu beantworten die Anfangsfrage des Petrus: „So auch (griech. ōs kai, konsekutiver Sinn) wird mein himmlischer Vater jeden von euch behandeln, der seinem Bruder nicht von ganzem Herzen vergibt" (V. 35). Die Vergebung, der Erlass einer unbezahlbaren Schuld, entspringt der Liebe des himmlischen Vaters. Dieselbe Liebe bewegt auch „das Herz" des Christen dazu, mit Aufrichtigkeit und gutem Willen die Logik der Vergebung unter Geschwistern zu leben: Das ist das Engagement, mit dem die gläubige Gemeinde die Erfahrung der Geschwisterlichkeit als Dienst lebt.

Vergib uns unsere Schuld

Die Bitte um Vergebung der Schuld, die sich im Vaterunser findet, muss vor dem Hintergrund der Lehre des Gleichnisses verstanden werden. Zuerst eine Bitte: „Vergib uns unsere Schuld", danach ein Nebensatz: „wie auch wir vergeben unseren Schuldigern". Die Bitte verweist auf das Flehen des Dieners vor dem Herrn, der Nebensatz auf das Verhalten, das der Diener gegenüber seinem Kollegen hätte haben müssen, der ihm Geld schuldete: das Verhalten, das durch das Mitleid des Königs ihm gegenüber nahelag. Wenn der Christ das Vaterunser betet, nimmt er also den Standpunkt des Königs im Gleichnis ein: Er bittet den „himmlischen Vater", der auch „unser Vater" ist, in Übereinstimmung mit dessen Herzen und dessen Willen. Er ist ein „Diener" (syndoulos) im Dienst des Vaters in einer Gemeinde, deren grundlegender Angelpunkt und wichtigstes Unterscheidungsmerkmal die Geschwisterlichkeit ist.

Die Tatsache, dass die Vergebung im Gebet erbeten werden

soll, beinhaltet eine Haltung von Ehrfurcht (nicht Furcht!): Da die Schuld riesengroß ist, weiß der Christ, dass er ein zahlungsunfähiger Diener ist. Ist es wirklich möglich, einer so großen Barmherzigkeit voll zu entsprechen? Die gläubige Gemeinde kennt ihre Grenzen und verbirgt sie nicht: Sie bittet, weil sie weiß, dass sie nicht auf ihre eigenen Kräfte zählen kann. Sie weiß, dass die Vergebung und die Geschwisterlichkeit vor allem die Frucht der Gnade sind und dass sie nur als Geschenk eines Herzens empfangen werden können, das so voller Liebe ist wie das des Vaters, der der „himmlische" Vater und „unser" Vater ist. Und weil das Gebet des Vaterunsers von Christus gelehrt wurde, erreichen die Bitten des Gläubigen den Vater durch die Worte Christi, und es ist auch durch Ihn, dass sich das mitleidige Herz des Vaters über alle Maßen am Holz des Kreuzes gezeigt hat. Und es ist durch Ihn, dass die Vergebung gewährt wird und die Jünger dazu bewegt werden, sich als Brüder anzuerkennen: „Aber das alles kommt von Gott, der uns durch Christus mit sich versöhnt und uns den Dienst der Versöhnung aufgetragen hat" (2 Kor 5,18).

Wie auch wir vergeben unseren Schuldigern

Es hat schon viele Diskussionen darüber gegeben, wie die grammatikalische Verknüpfung zu verstehen ist, die sich im Vaterunser bei der Vergebung durch Gott und der Vergebung unter Brüdern findet. Auch unter den Gläubigen herrscht gewisse Verwirrung, wenn sie beten: *wie wir* (griech. *ōs kai*) sie unsern Schuldigern vergeben". Hat Jesus das Handeln Gottes von menschlichen Handlungen abhängig gemacht? Bemisst sich die Liebe Gottes nach dem ethischen Engagement des Christen? Empfangen wir die Vergebung, weil wir Sünder sind, oder in dem Maße, in dem wir es nicht sind? Ist die Vergebung ein *do ut des* [Geben, um zu Nehmen], eine Art Handel mit Gott? Das Gleichnis des Dieners mit der unlösbaren Schuld räumt mit derartigen Interpretationen auf. Der Diener empfängt die Vergebung, bevor er seinen Kollegen trifft, der ihm etwas schuldet, und erst danach, in seinem letzten Urteil, verlangt der Herr Rechenschaft darüber, wie er gehandelt hat. Der griechische Ausdruck „*wie wir*" *(ōs kai)* kommt in dem Gleichnis zweimal vor, aber mit unterschiedlichem Sinn. In Mt 18,33 ist der Sinn *vergleichend* und stellt die Vergebung des Dieners der Vergebung des Herrn gegenüber. Nach diesem Vergleich kann die Vergebungsbitte des Vaterunsers auf zwei Arten verstanden werden: „Vergib uns unsere Schulden *in derselben Weise und in demselben Maße*, wie wir sie unseren Schuldigern vergeben." Es würde sich nicht um eine quantitative Korrespondenz handeln, sondern um eine Erklärung. Die christliche Gemeinde zeigt, dass ihre Perspektive keine andere ist als die der Vergebung, wie Jesus sie gewährt und gelehrt hat. Vor dem Vater bekennt sie, dass dies die wirkliche Lebensregel ist, und fürchtet sich deshalb nicht, Ihn um Vergebung zu bitten. Eine zweite Auslegung sieht im vergleichenden Sinn der Worte einen Verweis auf die endzeitliche Vergebung: Als gute „Diener" *(syndouloi)* übernehmen die Christen die Perspektive der Vergebung Gottes und nicht die Perspektive des unbarmherzigen Dieners, und deshalb bitten sie, dass ihnen im letzten Urteil, also im Letzten Gericht, die Schuld nicht angerechnet wird: «Vergib uns unsere Schuld, *wie auch* wir sie unseren Schuldigern vergeben (= *sie jetzt erlassen*). In Mt 18,35 hat das „*wie wir*" *(ōs kai)* stattdessen einen anderen Sinn: Einer nicht von Herzen erteilten Vergebung folgt der Zorn des himmlischen Vaters. In diesem Fall betet der Christ darum, dass die unverdiente Vergebung, die er vom Vater empfängt, eine unerschöpfliche und überströmende Quelle der Vergebung sei, die er den Brüdern gewährt: „Vergib uns unsere Schuld, *sodass auch wir* sie unseren Schuldigern vergeben".

Vom grammatikalischen Standpunkt her ist es nicht möglich zu sagen, welche der beiden Möglichkeiten bevorzugt werden sollte. Aber der vergleichende Sinn wird in den Versen betont, die direkt auf das Vaterunser folgen: „Denn wenn ihr den Menschen ihre Verfehlungen vergebt, dann wird euer himmlischer Vater auch euch vergeben. Wenn ihr aber den Menschen nicht vergebt, dann wird euch euer Vater eure Verfehlungen auch nicht vergeben" (Mt 6,14–15). Vielleicht sollte man dem Sinn der Vergebungsbitte wie in Mt 18,35 (s. o.), die im Gebet zuerst erfolgt, den Vorzug geben. Auf diese Weise bleibt die Dynamik der Vergebung in drei Schritten erhalten: Die Vergebung Gottes schafft die Fähigkeit zur Vergebung in den Gläubigen (Mt 6,12), und die Vergebung, die sie anderen Menschen gewähren, eröffnet ihre Vergebung in Gottes letztem Urteil, im Letzten Gericht (Mt 6,14-15). Das Ganze scheint durch die letzten beiden Bitten des Vaterunsers bestätigt zu werden, der Bitte bezüglich der „Versuchung" und der Bitte der „Erlösung von dem Bösen", ein Sprachgebrauch apokalyptischen Charakters, der genau zu einer endzeitlichen Perspektive führt. Wir können also daraus schließen: Dass die Vergebung der Sünden und die Vergebung gegenüber den Brüdern Gegenstand von Jesu Gebet sind, zeigt, dass das Gebet der Zusammenhang ist, in dem sie erbeten und verstanden werden, dass sie sich aber nicht in ihm erschöpfen. Sie werden zu einer Verantwortung der Jünger, die berufen sind, eine Brüderlichkeit zu verwirklichen, in der Gottes Barmherzigkeit sich täglich verwirklicht.

Gabe des Geistes und Vergebung der Sünden

Unter den Erscheinungen des Auferstandenen, die im Evangelium nach Johannes erzählt werden, kommt der Erscheinung vor den Jüngern (Joh 20,19–23) eine besondere Bedeutung zu, weil die Gabe des Heiligen Geistes, die ihnen geschenkt wird, und die Worte über die Vergebung der Sünden für den Glauben, das Leben und die Zukunft der christlichen Gemeinde entscheidend sind. Denn in einem österlichen Kontext, der eine klare Beziehung zu Jesu Tod und Auferstehung hat, wird die Macht, die Sünden zu vergeben oder ihre Vergebung zu verweigern, den Jünger übergeben als Aufgabe ihres Amtes und in engster Verknüpfung mit der Ausgießung des Heiligen Geistes.

Die Erscheinung des Auferstandenen geschieht „am Abend dieses ersten Tages der Woche" (V. 19). Es handelt sich um das Ende des Ostertages, der mit der Entdeckung des leeren Grabes und der Erscheinung des Auferstandenen vor Maria Magdalena begonnen hatte. Jetzt erreicht der Tag seinen Höhepunkt, weil der Auferstandene inmitten der Gemeinde seiner Jünger gegenwärtig wird und ihnen die Gaben seiner Auferstehung mitteilt. Zu Beginn der Erzählung wird betont, dass sich die Jünger „aus Furcht vor den Juden" alle zusammen in einem Haus hinter verschlossener Tür versteckt haben. Dem wird die Macht gegenübergestellt, die der Auferstandene hat, diese Tür zu öffnen, und damit eine Fähigkeit zu zeigen, Hindernisse und Sperren zu überwinden, um „in ihrer Mitte" zu sein. Mit diesem starken Kontrast unterstreicht das Evangelium, dass die heftige Feindseligkeit gegenüber Jesus nicht mit seinem Tod endet, sondern sich auch auf seine Gemeinde erstreckt, und dass der Auferstandene diese erreicht, ohne dass jemand seine Gegenwart und seine Nähe unterbinden könnte. Diese Erscheinung führt die Jünger zu einer neuen Erkenntnis und einem neuen Bewusstsein bezüglich des Glaubens, den sie auf Jesus von Nazaret gesetzt haben.

Als Erstes sagt ihnen der Auferstandene einen Friedensgruß und zeigt ihnen seine Wundmale: die durchbohrten Hände und die Seite. Im Alten Testament war der Friedensgruß vor allem für feierliche Momente vorgesehen und ein Verweis auf die Gabe des eschatologischen Friedens, jenes endgültigen Friedens, der durch Gottes Eingreifen über die Endzeit kommen wird. In diesem Sinne hatte Jesus diesen Moment schon im Voraus angekündigt:

Frieden hinterlasse ich euch, meinen Frieden gebe ich euch; nicht einen Frieden, wie die Welt ihn gibt, gebe ich euch. Euer Herz beunruhige sich nicht und verzage nicht. Ihr habt gehört, dass ich zu euch sagte: Ich gehe fort und komme wieder zu euch zurück. Wenn ihr mich lieb hättet, würdet ihr euch freuen, dass ich zum Vater gehe; denn der Vater ist größer als ich. Jetzt schon habe ich es euch gesagt, bevor es geschieht, damit ihr, wenn es geschieht, zum Glauben kommt (Joh 14,27–29).

Die Jünger empfangen jetzt einen Frieden, der ihnen vom Auferstandenen gebracht und durch Zeichen bestätigt wird, die an seinen Tod am Kreuz erinnern. So wird den elf der Zusammenhang von Kreuzigung und Auferstehung klargemacht. Derjenige, der lebend in ihrer Mitte steht, ist derselbe Jesus, der für sie am Kreuz gestorben ist. Die Jünger sehen sich in ein umfassendes Geheimnis von Gnade eingetaucht, haben teil am Ostergeheimnis. Durch die Kreuzigung hat Jesus Gottes

Liebe für die Welt geoffenbart, und durch seine Auferstehung triumphiert diese Liebe nun über die Mächte, die den Menschen in der Angst gefangen halten können. Jesu Ostern ist die Heil bringende endgültige Wiederbelebung, die den Jüngern den Frieden Gottes mitteilt und die Freude, der Gemeinde der Gläubigen die Gewissheit des Sieges Jesu Christi zu schenken.

Der Friedensgruß wird wiederholt, um die neue Zeit zu betonen, die nun anbricht. Darin erklingt vor allem ein Gebot, das die Jünger in das Gebot hineinnimmt, das Christus vom Vater empfangen hat. Die Sendung der Kirche setzt die Heil bringende Sendung des Sohnes fort, die den Plan des Vaters verwirklicht. Sie beruht auf dem machtvollen Wort des Auferstandenen und auf seiner mächtigen Gegenwart, vergrößert dessen Reichweite und übernimmt dessen Eigenschaften und hat so auch Anteil an den Schwierigkeiten und Ablehnungen. Deshalb wird den Jüngern die Gabe des Heiligen Geistes geschenkt. Der Auferstandene „haucht sie an" (V. 22), wiederholt also die Geste des Schöpfers (Gen 2,7). In dieser neuen Schöpfung werden die Jünger als Zeugen des auferstandenen Gekreuzigten wiedergeboren, und als solche sind sie machtvoll befähigt, der Welt das Evangelium zu verkünden. Durch den Heiligen Geist werden sie in der Wahrheit Christi geheiligt, genau so, wie Jesus den Vater in der Abschiedsrede gebeten hat: „Heilige sie in der Wahrheit; dein Wort ist Wahrheit. Wie du mich in die Welt gesandt hast, so habe auch ich sie in die Welt gesandt. Und ich heilige mich für sie, damit auch sie in der Wahrheit geheiligt sind" (Joh 17,17–19).

Die Gabe des Geistes wird begleitet von den Worten über die Macht, die Sünden zu vergeben oder die Vergebung zu verweigern (V. 23). Es handelt sich um einen Vers, der schon zu große und heftigen Auseinandersetzungen geführt hat, bei denen man oft Gefahr läuft, den Reichtum seiner Bedeutung zu ersticken. In allen Handlungen, in denen der ihnen verliehene Geist gegenwärtig wird, empfangen die Jünger die Fähigkeit, eine besondere Macht über die Sünde auszuüben: in der Predigt, im Zeugnis, in der Taufe und in der Eucharistie, und auch in dem, das wir heute die sakramentale Beichte nennen. Das Konzil von Trient gebraucht diese Bibelstelle, um die Einsetzung des Bußsakraments durch Christus zu belegen. Papst Franziskus fasst das so zusammen:

Der in seinem Leib verklärte Jesus ist nunmehr der neue Mensch, der die österlichen Gaben schenkt, Frucht seines Todes und seiner Auferstehung. Was sind diese Gaben? Der Friede, die Freude, die Vergebung der Sünden, die Sendung, vor allem aber schenkt er den Heiligen Geist, der die Quelle all dieser Dinge ist. Das Hauchen Jesu, begleitet von den Worten, mit denen er den Geist übermittelt, verweist auf die Weitergabe des Lebens, des neuen, durch die Vergebung neu geborenen Lebens (Generalaudienz 20. November 2013).

Am Ostertag und als dessen Frucht hat der Auferstandene seinen versammelten Jünger die Vollmacht verliehen, die Sünden zu vergeben. Denn der Missionsbefehl und die Heil bringende Macht sind der Gemeinde der Jünger als solcher gegeben, sie bleiben immer gültig: Ihre Wirksamkeit erlischt nicht, nachdem die elf nicht mehr sind, sondern wird an ihre Nachfolger, die Bischöfe, weitergegeben. Wir wissen, dass das Bußsakrament auf eine lange Geschichte zurückblickt, während der es verschiedene Formen angenommen hat und das sakramentale Verständnis allmählich gereift ist. Darin ist die Heil bringende Macht gegenüber den Sünden niemals versiegt, sondern im

Gegenteil ohne Unterlass reich geflossen. Papst Franziskus sagt:

Dieser Abschnitt offenbart uns die tiefste Dynamik, die in diesem Sakrament enthalten ist. Zunächst die Tatsache, dass die Vergebung unserer Sünden nicht etwas ist, das wir uns selbst geben können. Ich kann nicht sagen: Ich vergebe mir die Sünden. Um Vergebung bittet man, bittet man einen anderen, und in der Beichte bitten wir Jesus um Vergebung. Die Vergebung ist nicht Frucht unseres Mühens, sondern sie ist ein Geschenk, sie ist ein Geschenk des Heiligen Geistes, der uns in die Barmherzigkeit und Gnade eintaucht, die unablässig vom geöffneten Herzen des gekreuzigten und auferstandenen Christus ausströmt. Zweitens erinnert er uns daran, dass wir nur wenn wir uns in Jesus mit dem Vater und mit den Brüdern versöhnen lassen, wirklich im Frieden sein können (Generalaudienz 19. Februar 2014).

Die Fähigkeit, die Sünden zu vergeben oder nicht, beinhaltet ein Urteil über die Handlungen des Christen und über die Sünden, die dieser begangen hat. Diese Bewertung wird von der Kirche in einer zweifachen Richtung vorgenommen: Sie muss die Situation offenlegen und den Gläubigen helfen, die Sünde in ihrem Leben anzuerkennen, sodass sie sich von ihr fernhalten und sie zurückweisen können. Gleichzeitig aber empfängt die Kirche mit offenen Armen den reuigen Sünder, um ihn wieder dem Heil bringenden und schöpferischen Wort Jesu anzuvertrauen. So setzt sie das Wirken ihres Herrn fort:

Die Kirche ist Sachwalterin der Schlüsselgewalt, sie kann die Vergebung öffnen oder verschließen. Gott vergibt jedem Menschen in seiner souveränen Barmherzigkeit, aber er selbst hat gewollt, dass alle, die zu Christus und zur Kirche gehören, die Vergebung durch die

Amtsträger der Gemeinschaft empfangen. Durch den Apostolischen Dienst erreicht mich die Barmherzigkeit Gottes, ist meine Schuld vergeben und wird mir die Freude geschenkt. Auf diese Weise ruft Jesus uns auf, die Versöhnung auch in der kirchlichen, gemeinschaftlichen Dimension zu leben. Und das ist sehr schön. Die Kirche, die heilig ist und gleichzeitig der Buße bedarf, begleitet unseren Weg der Bekehrung das ganze Leben hindurch. Die Kirche ist nicht Herrin über die Schlüsselgewalt, sondern Dienerin des Dienstes der Barmherzigkeit, und sie freut sich jedes Mal, wenn sie dieses göttliche Geschenk weitergeben kann (Papst Franziskus, Generalaudienz 20. November 2013).

Darin ist das Bußsakrament aufs Engste mit der Taufe und der Eucharistie verbunden, denn gemeinsam, aber auf ihre jeweilig eigene Weise, aktualisieren sie für alle Gläubigen das Opfer Christi und seine Heil bringende Tragweite:

Im Sakrament der Taufe werden alle Sünden vergeben, die Erbsünde und alle persönlichen Sünden ebenso wie alle Sündenstrafen. Mit der Taufe öffnet sich die Pforte zu einer wirklichen Neuheit des Lebens, die nicht von einer negativen Vergangenheit belastet ist, sondern die bereits die Schönheit und die Güte des Reiches Gottes spüren lässt. Es handelt sich um das machtvolle Eingreifen Gottes in unser Leben, um uns zu retten. Dieses Heilswirken nimmt unserer menschlichen Natur nicht ihre Schwachheit. Wir alle sind schwach, und wir alle sind Sünder, und es nimmt uns nicht die Verantwortung, jedes Mal, wenn wir einen Fehler machen, um Vergebung zu bitten! Ich kann mich nicht mehr als einmal taufen lassen, aber ich kann beichten und so die Taufgnade erneuern. Es ist, als empfinge ich eine zweite Taufe. Unser Herr Jesus Christus ist sehr gütig und wird nie müde, uns zu vergeben. Auch wenn die Pforte, die die Taufe uns geöffnet hat, um in die Kirche einzutreten, sich ein wenig schließt, aufgrund unserer Schwachheit und unserer Sünden, dann öffnet die Beichte sie wieder, eben weil sie gleichsam eine zweite Taufe ist, die uns alles vergibt und die uns erleuchtet, um mit dem Licht des Herrn voranzugehen. Gehen wir so voran, voll Freude, denn das Leben muss mit der Freude Jesu Christi gelebt werden; und das ist eine Gnade des Herrn (Papst Franziskus, Generalaudienz 13. November 2013).

Die Worte der Vergebung

Die Formel der Sündenvergebung, die der Priester ausspricht, während er die Hände auf den Kopf des Beichtenden legt, unterstreicht den dreifaltigen, österlichen und kirchlichen Charakter, der dem Bußsakrament eigen ist. Sie bietet uns die Möglichkeit, eine Gesamtsicht des Sakramentes zu skizzieren.

Gott, der barmherzige Vater, der die Welt mit sich versöhnt hat

Als erstes Element wird an die Barmherzigkeit des Vaters erinnert. Die Vergebung der Sünden entspringt aus seinem freien und festen Heilswillen für die ganze Welt. Die gesamte Heilsgeschichte entspricht der Verwirklichung dieses einen Planes. Von Anfang an zeigt sich die Geschichte des alten Gottesvolkes als der Ort der befreienden Taten JHWHs und als der Bereich, in dem er sich als „barmherzig und gnädig, langmütig und reich an Liebe und Treue" (Ps 86,15) erweist. Der Auszug aus Ägypten und der Sinaibund besiegeln Gottes Barmherzigkeit für sein Volk: Hier zeigt er sich als sein Erlöser, der rettet und befreit, und das Volk wird zum heiligen Volk, das im Bund die Grundlage seines Lebens und seiner Identität feiert. All das lässt den Christen Gottes Absicht gegenüber seinem Volk erkennen. Ausgehend von ihr kann er einige grundlegende Haltungen reifen lassen, um zum Sakrament der Versöhnung hinzuzutreten.

Weil Gottes Barmherzigkeit aus seiner Treue entspringt, weiß der Christ, wie wichtig es ist, *an diese Barmherzigkeit zu „glauben"*. Sie ist eine versöhnende Kraft, für die es keine unüberwindlichen Hindernisse gibt. An diese Barmherzigkeit glauben bedeutet, sich immer wieder dem Vater anzuvertrauen, in der Gewissheit, dass die Wirklichkeit der Sünde in uns nicht größer ist als seine Barmherzigkeit: „Denn wenn das Herz uns auch verurteilt – Gott ist größer als unser Herz und er weiß alles" (1 Joh 3,20). Der Wunsch und die Gewissheit, Vergebung zu erfahren, die Reue und die Wiedergutmachung des begangenen Bösen sind für den Gläubigen immer möglich, weil sie auf dieser unerschütterlichen Glaubensgewissheit gründen: Gottes Barmherzigkeit, die jedem Einzelnen und der ganzen Welt gilt. Das bedeutet, dass niemand sich selbst rettet oder erlöst. Die Barmherzigkeit ist eine bedingungslose Gabe Gottes, und als solche wird sie erbeten und empfangen. Es ist der Vater, der mit sich versöhnt; die Initiative ist zuallererst seine eigene. Das Sakrament der Vergebung erinnert also den sündigen Christen daran, dass er Teil einer Heilsgeschichte ist, die ihm vorausgeht, einer Barmherzigkeit, in die er aus Gnade hineingenommen wurde und in der er das gütige Antlitz des Vaters entdeckt, der ihn jedes Mal neu aufnimmt in die Gemeinschaft mit ihm, um im Glauben zu leben.

Ein zweiter Aspekt: Die *Barmherzigkeit führt zur Gemeinschaft*. Die von Gott geschenkte Barmherzigkeit erneuert und stärkt die Beziehungen, die von der Sünde geschwächt oder unterbrochen wurden: Sie umfängt den Beichtenden und öffnet den Raum für die Umarmung des Vaters und die Begegnung mit ihm. Die Vergebung ist also nicht einfach eine Gabe, die dem Sünder unabhängig von seinem Willen verliehen wird, sondern möchte ihn dazu bewegen, dass er in Gott, dem liebevollen Vater, eine Liebe erkennt, aus der er die Kraft zur Umkehr erhält. Die Absolution von den Sünden ist also kein mechanischer, fast magischer Akt: Sie ist die Gnade, die den

Sünder durchströmt und ihm Herz, Geist und Willen für ein Leben in Gemeinschaft mit Gott öffnet.

Und schließlich eine letzte Erkenntnis: Im Sakrament der Versöhnung erreicht Gottes Vergebung den sündigen Christen mit *Blick auf die ganze „Welt"*. Das bedeutet, dass die Kraft dieser Vergebung sich nicht in der Begegnung mit dem einzelnen Büßer erschöpft und nicht einmal nur mit der Kirche. Gottes Barmherzigkeit hat ein universales, ja sogar kosmisches Ausmaß, weil sie aufs Engste mit seinem Heilswillen verbunden ist, der „allen Geschöpfen" (Mk 16,15) gilt. Daran erinnert der heilige Paulus: „Auch die Schöpfung soll von der Sklaverei und Verlorenheit befreit werden zur Freiheit und Herrlichkeit der Kinder Gottes" (Röm 8,21). Die Solidarität in der Sünde, die den Sünder mit der Welt der Verderbnis verbindet, findet so eine höhere Entsprechung in der Solidarität der erlösenden Gnade. In ihr erstreckt sich der Wille des Vaters machtvoll überall dort, wo die Sünde die Sklaverei ihrer Macht entwickelt, um die Welt von all ihrer Verderbnis zu befreien. Wenn er das Sakrament der Vergebung empfängt, weiß der Christ, dass er in dieses machtvolle Handeln hineingenommen ist: Er empfängt das Geschenk der Vergebung, aber genau damit bringt und treibt ihn dieses Geschenk zur Mitarbeit an dem Befreiungsplan, den Gott zur Versöhnung mit der ganzen Schöpfung hegt. Wenn er die Vergebung empfängt, richtet der reuige Sünder seinen Blick fest auf seinen Herrn, hört dessen Wort und vertraut ihm, um so eine Welt zu gestalten, die aus diesem Wort hervorging und zu ihm zurückkehren will. Deshalb ist das christliche Leben eine ständige *Um-kehr* zu jenem Gott, dessen Herz sich schon immer der sündigen Menschheit zuwendet, und zu jener Welt, in der diese lebt und die sie gestaltet.

Durch den Tod und die Auferstehung seines Sohnes

Die Solidarität mit den Sündern und ihre Annahme sind Aspekte, die das ganze Leben Jesu durchziehen, dessen Name ja bedeutet „JHWH rettet" (Mt 1,21), und aus dessen geschichtlichem Schicksal Gottes Vergebung kommt: „Der Menschensohn ist nicht gekommen, um sich dienen zu lassen, sondern um zu dienen und sein Leben hinzugeben als Lösegeld für viele" (Mk 10,45). Der Höhepunkt dieses Versöhnungswerkes, das der Sohn Gottes vollbracht hat, ist die Hingabe seines Lebens am Kreuz, der Moment, in dem er für uns alle die Vergebung des Vaters erfleht und empfangen hat (Lk 23,33). Daher erreicht die Fülle der Vergebung Gottes den Menschen nur in Christus, dem Erlöser, und sein Ostergeheimnis bildet die Mitte der Heilsgeschichte. Aus dem Kreuz Christi quillt die Vergebung der Sünden auf beständige und ununterbrochene Weise, und dank der Macht des Auferstandenen erstreckt diese sich, in Ewigkeit aktuell, an allen Orten „für die vielen" (Mk 14,24). Jedes Sakrament ist ein besonderer Aufweis der Gegenwart von Christi Ostern in der Geschichte, und so erreicht die von ihm erwirkte Erlösung die Menschen in vielfältigen und unterschiedlichen Formen. Ein Sakrament der Vergebung ist als Erstes die Taufe, die dem Menschen neues Leben schenkt. Die Taufe taucht den Christen ein in Jesu Tod und Auferstehung und schließt ihn so in Christi Heil bringendes Schicksal ein. So fügt sie ihn dem neuen Volk hinzu, dem Volk, das unterwegs ist zum endgültigen Ostern:

Ihr aber seid *ein auserwähltes Geschlecht, eine königliche Priesterschaft, ein heiliger Stamm, ein Volk, das sein besonderes Eigentum wurde, damit ihr die großen Taten dessen verkündet,* der euch aus der

Finsternis in sein wunderbares Licht gerufen hat. Einst wart ihr *nicht sein Volk*, jetzt aber seid ihr *Gottes Volk;* einst gab es für euch kein Erbarmen, jetzt aber habt ihr *Erbarmen gefunden* (1 Petr 2,9–10).

Für den Getauften bringt all dies eine neue Lebensweise: „Wir wurden mit ihm begraben durch die Taufe auf den Tod; und wie Christus durch die Herrlichkeit des Vaters von den Toten auferweckt wurde, so sollen auch wir als neue Menschen leben" (Röm 6,4).

Das neue Leben in der Taufe löscht aber nicht die Gebrechlichkeit der menschlichen Natur aus, und so ist der Weg des Christen immer noch geprägt von der schmerzlichen Erfahrung der Sünde und verlangt die ständige Erneuerung von Gottes Vergebung im Sakrament der Versöhnung. In ihm wird der Sieg Christi über die Sünde geschichtlich und für alle durch die Kirche sichtbar. Die Wiederholung der Feier dieses Sakraments der Heilung zeigt die ganze erneuernde Kraft dieser Heilsdynamik, mit der Gott durch Menschwerdung, Tod und Auferstehung Jesu unwiderruflich in die menschliche Geschichte eingetaucht ist. In Christus mit Gott versöhnt ist der Getaufte so ein Mensch, der ständig durch das Ostern des Herrn verwandelt wird, das seinen festen Bezugspunkt bildet, von dem aus er beginnt, „in", „mit" und „durch" Christus zu leben (vgl. Eph 2,10; Kol 3,3; Röm 6,8; Phlm 6. So wird die Beziehung zu Christus grundlegend für seine Existenz, und von ihr her versteht er sich selbst, die Menschheit, die Welt und die Geschichte. Erleuchtet durch den Glauben und belebt durch die Liebe, die dem glorreichen Kreuz des Herrn entspringen, wird er frei und mutig gegenüber allem und jedem, und genau deshalb auf evangeliumsgemäße Weise in der Kirche und in der Welt aktiv und verantwortlich. Durch den

Glauben angetrieben lernt der Gläubige nicht nur, Christus im Menschen zu sehen und sich deshalb für die solidarische Nächstenliebe zu öffnen, sondern auch den Menschen „in Christus" zu sehen und so in ihm seine eigene Fülle zu entdecken und nach seiner ganzheitlichen Entwicklung zu streben.

Und den Heiligen Geist gesandt hat zur Vergebung der Sünden

Die Vergebung der Sünden, die durch Jesu Tod am Kreuz gewirkt wurde, erreicht jeden Christen durch den Heiligen Geist, den Gott durch den Auferstandenen ausgegossen hat. Denn es ist der Geist, der in der christlichen Gemeinde die Wirksamkeit von Jesu Ostern gegenwärtig macht. Wenn dem nicht so wäre, würde es ein Ereignis der Vergangenheit bleiben, das vor langer Zeit geschah, und könnte nicht gegenwärtig werden in sakramentalen Zeichen, um so den Gläubigen mitgeteilt zu werden. Der Heilige Geist erscheint also als wirksame Kraft, die es ermöglicht, dass sich der Heilsplan des Vaters durch den Sohn verwirklicht. Die Evangelien zeigen, dass der Geist Gottes, also das Leben und die Macht Gottes selbst, vor allem in Jesus, in seinem irdischen Leben, handelt. Mit der Taufe im Jordan (Mt 3,13–17 und Parallelen) beginnt Jesus sein öffentliches Wirken, das sich in allem durch die engste und vollste Verbindung mit dem Geist auszeichnet, der Gott ist wie der Vater. In der Synagoge von Nazaret (Lk 4,16–19) verkündet Jesus, dass sich in ihm die Prophetie von Jes 61,1-2 verwirklicht: Er ist der, den der „Geist des Herrn" berufen und gesalbt hat, der gesandt ist, den Armen eine gute Nachricht zu bringen, den Gefangenen die Entlassung zu verkünden, den Blinden das Augenlicht wiederzugeben und die Zerschlagenen in Freiheit zu setzen und so „das Gnadenjahr des Herrn" zu eröffnen. So steht das gesamt Wirken Jesu unter dem Zeichen des Heiligen Geistes.

Denselben Geist gibt der Auferstandene seiner Gemeinde. Als Leben spendende Kraft Gottes und Beginn der neuen Schöpfung wohnt er in der Kirche und befähigt sie zur Erfüllung der Sendung, die der Herr ihr anvertraut hat. Damit überträgt er den Aposteln die Macht, die Sünden zu vergeben, und führt das Werk Christi, das auf die Versöhnung zwischen dem Menschen und Gott gerichtet ist, zu seiner Erfüllung in der Kirche und durch die Kirche. So verbindet der Geist den Getauften aufs Engste mit Christus und zugleich die Gläubigen untereinander in der Kirche. Im Ritual des Bußsakramentes wird die Rolle des Heiligen Geist stark hervorgehoben. Seine wiederholte Erwähnung zeigt, dass die gesamte liturgische Handlung unter seinem Zeichen steht. Zunächst begleitet der Geist während und nach der Feier sowohl den Beichtenden als auch den Amtsdiener, der das Sakrament spendet, und handelt in ihnen. Und vor allem steht der Heilige Geist am Anfang des Weges zur Umkehr, denn er ermahnt den Sünder, zu bereuen und zum Herrn zurückzukehren. Er wirkt in ihm, um was schon der Psalmist gebetet hat: „Gott, richte uns wieder auf! Lass dein Angesicht leuchten, dann ist uns geholfen" (Ps 80,4).

Der Geist, den der Hymnus des *Veni Creator* als „ein Licht im Verstand und [flammende] Liebe im Herzen" verkündet, gewährt außerdem die Gabe, die Wahrheit im eigenen Gewissen zu tun, und gibt damit auch die Gewissheit der Sündenvergebung. Deshalb erinnert der Priester, der den Sünder empfängt, an die tätige Gegenwart des Heiligen Geistes in ihm und in der Kirche: „Die Gnade des Heiligen Geistes erleuchte dein Herz, damit du vertrauensvoll deine Sünden beichten und die Barmherzigkeit Gottes erkennen mögest."

Diese Ermahnung aus der vierten Formel zeigt, dass es für den Beichtenden nicht darum geht, sich die Sünden bewusst zu machen, sondern darum, zur *metánoia*, zur Verwandlung des Herzens, zu gelangen. Die Erforschung des eigenen Lebens in der Intimität des Gewissens ist eine Tat, die bewirkt wird durch den Geist der Wahrheit, der auch der Geist der Liebe ist, und wird so gleichzeitig ein neuer Anfang, bei dem die Gnade der Liebe zu Gott und zu den Brüdern verliehen wird.

In dem Augenblick, in dem der Amtsdiener des Sakraments im Namen Christi und der Kirche handelt, weitet der Heilige Geist sein Wirken auch auf diesen aus: „Der Priester und der Gläubige, der beichten will, sollen sich auf die Feier des Sakraments vor allem durch Gebet vorbereiten. Der Priester soll zum Heiligen um Erleuchtung und Liebe beten" (*Die Feier der Buße nach dem neuen Rituale Romanum*, Pastorale Einführung Nr. 15). Die Erwähnung von „Erleuchtung" und „Liebe" bedeutet, dass sie als die Geistesgaben der Unterscheidung und der Barmherzigkeit betrachtet werden. Die *Pastorale Einführung* gibt noch weitere Anweisungen:

Damit der Beichtvater seine Aufgabe sachgerecht erfüllen, d.h. die Krankheiten der Seele erkennen, geeignete Hilfsmittel anwenden und sein richterliches Amt weise ausüben kann [...]. Denn bei der Unterscheidung der Geister geht es um eine tiefe Erkenntnis des Wirkens Gottes im Herzen der Menschen; sie ist eine Gabe des Heiligen Geistes und die Frucht der Liebe. [...] Indem er den Sünder annimmt, der Buße tut, und ihn zum Licht der Wahrheit führt, handelt er wie ein Vater.

Denn er offenbart den Menschen das Herz Gottes, des Vaters, und ist so ein Abbild Christi, des Guten Hirten. Er soll sich daher bewusst sein, dass ihm der Dienst Christi anvertraut ist, der zum Heil der Menschen das Werk der Erlösung gnädig vollbracht hat und mit seiner Kraft in den Sakramenten gegenwärtig ist (Nr. 10).

Da die Vergebung der Sünden durch den Geist Christi gewirkt wird, muss die Ausübung dieses Dienstes oder Amtes notwendig von demselben Geist inspiriert, getragen und gelenkt sein. Auf diese Weise zeigt sich das Sakrament der Buße als ein bevorzugter Erweis der Gegenwart des Geistes in der Kirche, damit der Heilplan in der Geschichte zu seiner Erfüllung gelange: Das ist ein „Wunder des Heils".

Schenke dir durch den Dienst der Kirche

Die Vergebung der Sünden, die wir dank des Todes und der Auferstehung Christi empfangen, erhält ihre Wirksamkeit in der Zeit durch das Handeln des Heiligen Geistes und erreicht den sündigen Christen in der Kirche und durch die Kirche. Die kirchliche Dimension des Sakraments ist wesentlich, auch wenn sie schwer zu verstehen ist. Das wird darin sichtbar, dass auch heute noch viele Menschen die Sünde als etwas ausschließlich Individuelles verstehen. Weil das Sakrament der Buße das barmherzige Angebot der Liebe Gottes an den Menschen und die Antwort der Liebe des reuigen Sünders an Gott feiert, läuft das vermittelnde Handeln der Kirche in beide Richtungen. Und außerdem ist die Vergebung, da sie sich „in Christus" und „in der Kirche" verwirklicht, nicht nur die Rückkehr zu Gott, sondern auch die Rückkehr in die kirchliche Gemeinschaft.

In der Dogmatischen Konstitution *Lumen Gentium, Über die Kirche*, behandelt das Zweite Vatikanische Konzil die Versöhnung zwischen Sünder und Kirche und bestätigt, dass sie gleichzeitig mit der Versöhnung mit Gott geschieht. In diesem Dokument, dem ersten, das offiziell dieses Thema behandelt, wird die Kirche als vom Heiligen Geist belebte Gemeinschaft beschrieben, für die die Sünde immer ein Widerspruch ist, der ihre Natur verletzt. Das Wirken des Geistes richtet sich also darauf, den reuigen Sünder in die Fülle der kirchlichen Gemeinschaft zurückzuführen, um die Integrität der verletzten Gemeinschaft wiederherzustellen: „Die aber zum Sakrament der Buße hinzutreten, erhalten für ihre Gott zugefügten Beleidigungen von seiner Barmherzigkeit Verzeihung und werden zugleich mit der Kirche versöhnt, die sie durch die Sünde verwundet haben und die zu ihrer Bekehrung durch Liebe, Beispiel und Gebet mitwirkt" (LG 11). Der Katechismus der Katholischen Kirche nimmt dieses Thema auf:

Dieses Sakrament versöhnt uns auch mit der Kirche. Die Sünde beeinträchtigt oder bricht die brüderliche Gemeinschaft. Das Bußsakrament erneuert sie oder stellt sie wieder her. Es heilt denjenigen, der wieder in die kirchliche Gemeinschaft aufgenommen wird, und übt auch einen belebenden Einfluss auf das Leben der Kirche aus, die unter der Sünde eines ihrer Glieder gelitten hat (KKK 1469).

Der absolut umfassende Charakter der von Gott gewirkten Versöhnung ist besonders von Papst Johannes Paul II. hervorgehoben worden. Diese Versöhnung heilt die vielfältigen Risse, die durch die Sünde verursacht werden, indem sie vom innersten Sein des Sünders ausgeht und auch seine Beziehung zu allem Geschaffenen berührt:

Ferner ist zu betonen, dass die kostbarste Frucht der Vergebung, die im Bußsakrament empfangen wird, in der Versöhnung mit Gott besteht; sie vollzieht sich in der Verborgenheit des Herzens des verlorenen und wieder zurückkehrenden Sohnes, wie es jeder Beichtende ist. Man muss zugleich hinzufügen, dass diese Versöhnung mit Gott gleichsam noch andere Arten von Versöhnung zur Folge hat, die noch andere von der Sünde verursachte Risse heilen: Der Beichtende, dem verziehen wird, wird in seinem innersten Sein mit sich selbst versöhnt, wodurch er seine innere Wahrheit wiedererlangt; er versöhnt sich mit seinen Brüdern, die von ihm in gewisser Weise angegriffen und verletzt worden sind; er versöhnt sich mit der Kirche und der ganzen Schöpfung (*Reconciliatio et paenitentia, Über Versöhnung und Buße in der Sendung der Kirche heute*, Nr. 31/V).

Der kirchliche Kontext hilft auch, besser zu verstehen, warum die Vergebung der Sünden an die Absolution durch das Priesteramt gebunden ist. Das Sakrament der Versöhnung beinhaltet vor allem das priesterliche Handeln der ganzen Kirche, sowohl des allgemeinen Priestertums als auch des Amtspriestertums. Das allgemeine Priestertum aller Gläubigen wird als Erstes durch den Beichtenden selbst ausgeübt: Er (er)lebt die Versöhnung nicht passiv, sondern wirkt durch die Gnade bewegt aktiv an seiner Umkehr und an der vollen Wiedereinsetzung in die Gemeinschaft der Kirche mit. Auch die kirchliche Gemeinde erfährt die Reintegration des Beichtenden nicht passiv, sondern unterstützt seine Umkehr „mit Liebe, Beispiel und Gebet" (LG 11). So übt also die ganze Kirche das ihr eigene allgemeine Priestertum aus, um die Versöhnung und die Vergebung ihrer sündigen Kinder zu erreichen. In diesem Sinne sind die Unterstützungen, welche die Korrektur, die Unterscheidung der Geister, die Hilfe und die Ermutigung auf dem Bußweg kostbare Ausdrucksformen ihrer „Liebe", weil sie bei der Reintegration in die kirchliche Liebe helfen.

Die Ausübung des allgemeinen Priestertums verlangt aber die Ausübung des Amtspriestertums, denn dieses steht in seinem Dienst. Als Amtsdiener der Beichte erteilt der Priester die sakramentale Gnade „in Christus" und „in der Kirche", zwei Bestimmungen, welche die Ausübung seines Amtes erhellen und zugleich seine Grenzen umreißen. Indem er „im Namen Jesu Christi und in der Kraft des Heiligen Geistes" (*Pastorale Einführung*, Nr. 9) handelt, stellt sich der Amtsdiener in den Dienst des Wortes des Herrn, denn er verwirklicht in der Gegenwart das Gebot der Vergebung der Sünden, das Christus den Aposteln und ihren Nachfolgern anvertraut hat. Deshalb ist der Bischof der Sachwalter der Bußdisziplin und der volle Inhaber des Amtes der Versöhnung, das er verwaltet, indem er es auch den Priestern anvertraut, die seine Mitarbeiter sind. Es handelt sich aber um eine Macht, die keinesfalls willkürlich ausgeübt werden darf, sondern in Übereinstimmung mit den Lehren und den Absichten Christi. Denn: „Der Beichtvater ist nicht Herr, sondern Diener der Vergebung Gottes. Der Diener dieses Sakramentes soll sich mit der Absicht und der Liebe Christi vereinen" (KKK 1466a). Zugleich handelt der Priester auch „im Namen der Kirche", im Dienst jener kirchlichen Gemeinschaft, zu der die Versöhnung mit Gott führt. Daraus folgt, dass die Ausübung des Amtes der Versöhnung in Gemeinschaft und in Übereinstimmung mit der Kirche und mit ihrem Lehramt erfolgen muss. Deshalb empfiehlt der Katechismus bezüglich des Amtsdieners:

Er muss zuverlässig wissen, wie ein Christ zu leben hat, in menschlichen Dingen Erfahrung haben und den, der gefallen ist, achten und sich ihm gegenüber feinfühlig verhalten. Er muss die Wahrheit lieben, sich an das Lehramt der Kirche halten und den Pönitenten geduldig der Heilung und vollen Reife entgegenführen. Er soll für ihn beten und Buße tun und ihn der Barmherzigkeit Gottes anvertrauen (KKK 1466b).

Verzeihung und Frieden

Der Frieden ist das Endergebnis des Heil bringenden Wirkens, das aus der Barmherzigkeit des Vaters entsteht. Er ist die Frucht der Vergebung und Versöhnung mit Gott, die mittels der Beichte der Sünden empfangen wird. Es handelt sich nicht einfach um den psychologischen Frieden, den der Beichtende erfahren kann, nachdem er sein Herz von der Last seiner Schuld „erleichtert" hat, sondern um den biblischen Frieden, um eine Gabe Gottes, sichtbares Zeichen seines Bundes. Es ist der „neue" Frieden, der seine Grundlage im Tod und in der Auferstehung Jesu hat und der jeden Bruch mit Gott und mit den Brüdern überwindet. Es ist der Frieden, den der Heilige Geist den Jüngern des Herrn eingibt und ihnen so Mut und Lebendigkeit für die Verkündigung und das Zeugnis des Evangeliums verleiht.

In der großen Abschiedsrede (Joh 13–17) verbindet Jesus die Gabe des Friedens mit dem Wirken des Heiligen Geistes, des Trösters (Joh 14,25–31). Der Geist „wird alles lehren", und diese Lehre ist aufs Engste verbunden mit der Lehre Jesu, denn er „wird euch an alles erinnern, was ich euch gesagt habe" (Joh 14,26). Der Aufgabe des Geistes ist, die Offenbarung Jesu in der Geschichte fortzuführen und lebendig zu halten, nicht deshalb, weil er ihr Neues hinzufügt, sondern weil er fortwährend das Verständnis der Offenbarung vertieft. Sein Wirken ermöglicht es allen christlichen Gemeinden, in ihrer eigenen

Zeit die Treue zum Evangelium zu leben. Der reuige Sünder, dem vergeben wurde, wird daher von der Gabe des Friedens erreicht, einem Reflex des endzeitlichen und endgültigen Heils, das Gott der Menschheit in Christus Jesus anbietet und das ihr effektiv mitgeteilt wird durch die sakramentale Gnade. Es ist dieser Frieden, der den Christen in den Wechselfällen des Lebens und in den Prüfungen stützt, die ihm begegnen, wenn er seinen Glauben bekennt: Es ist „sein Frieden", der Friede Christi, den das Evangelium verkündet und den der Geist vermittelt. Die Fülle dieses Heils wird im Johannes-evangelium als eine Wirklichkeit beschrieben, die viele und einander ergänzende Facetten hat: Es ist „Wahrheit", „Licht", „Leben", „Frieden" und „Freude". In all dies führt Gottes Vergebung. Von der Barmherzigkeit des Vaters umhüllt, vom Ostergeheimnis Christi erreicht und von der Kraft des Heiligen Geistes gestützt, bereitet sich der reuige Sünder vor, die Absolution von seinen Sünden zu empfangen, die in den Frieden Gottes führt.

So spreche ich dich los von deinen Sünden im Namen des Vaters und des Sohnes und des Heiligen Geistes

Die Geste der Handauflegung, mit der der Priester die Absolutionsworte begleitet, bedeutet die Ausgießung des Heiligen Geistes zur Vergebung der Sünden, die Versöhnung und die Gemeinschaft mit dem Herrn. Das Bußsakrament bewirkt nicht nur die „Annullierung" der Sünden. Es zielt auch darauf, in dem, der es empfängt, den Willen zur Änderung seines Denkens und Fühlens und seiner Lebensorientierung zu erwecken. Diesen Weg der Umkehr kann nur der Heilige Geist anstoßen und unterhalten. Die Absolutionsworte sind reich an Feierlichkeit und Wirkmächtigkeit. Bei der Lossprechungsformel bedeutet das „ich spreche dich los", also die Formulierung in der ersten Person, dass der Priester nicht in seinem eigenen Namen spricht, sondern als Sachwalter jener Vollmacht, die Sünden zu vergeben, die der Herr den Aposteln und ihren Nachfolgern übertragen hat. Dies drückt auch den Glauben und die Beteiligung der ganzen Kirche aus, die hineingenommen ist in die Versöhnung des Beichtenden. Und betont wird vor allem, dass die Zusage der Absolution nicht eine einfache Erklärung der Verzeihung Gottes ist, sondern ein wirksames Wort, das die Sünden vergibt, weil in ihr und zusammen mit dem Priester der Vater, der Sohn und der Heilige Geist handeln und die Handelnden sind. So wird der Beichtende real hineingenommen in das heilbringende Handeln Gottes, das in ihm die Taufgnade wiederherstellt.

Das Sakrament der Versöhnung in der Seelsorge

Der Aufruf zur Wachsamkeit und der Imperativ zur Festigkeit im Glauben schließen den Ersten Brief an die Korinther: „Seid wachsam, steht fest im Glauben" (1 Kor 16,13). Die Wachsamkeit, die oft mit Gebet und Nüchternheit assoziiert wird (1 Thess 5,6), ist das Merkmal des Christen, der in der Erwartung des Herrn lebt. Das Feststehen im Glauben bezeichnet das feste und beständige Bemühen, die Beziehung zum Herrn zu leben. All das will dem Gläubigen helfen, wahrhaft am Evangelium festzuhalten, aber dieses Festhalten ist immer von äußeren Schwierigkeiten und inneren Verwirrungen bedroht. Zu diesen ersten beiden Ermahnungen fügt der heilige Paulus noch drei weitere hinzu: „Seid mutig, seid stark. Alles, was ihr tut, geschehe in Liebe" (1 Kor 16,13). Der Apostel verdichtet in diesen Formulierungen ein Lebensprogramm, dessen einigende Mitte die Liebe Gottes ist. Es ist ein Aufruf zu Mut, Vertrauen und Festigkeit, die derjenige braucht, der einen Kampf auf sich nimmt. Ja, das christliche Leben ist Kampf und Gefecht: „Du, mein Sohn, sei stark in der Gnade, die dir in Christus Jesus geschenkt ist. Leide mit mir als guter Soldat Christ Jesu" (2 Tim 2,1.3). Für eine Seelsorge, die darauf ausgerichtet ist, dem Sakrament der Versöhnung innerhalb eines so komplexen kirchlichen und gesellschaftlichen Kontextes, wie dem heutigen, Wert zu verleihen, ist es angebracht, einige zusammenfassende und grundlegende Punkte aufzuzeigen und zu bedenken, die die christliche Persönlichkeit und die christlichen Erfahrungen in vielfältigen Richtungen zu fördern und zu bilden vermögen.

Die Gewissensbildung

Eine notwendige Voraussetzung für das Sakrament der Versöhnung ist die Ausformung, die Bildung des Gewissens. Dieser Ausdruck bezeichnet einen Glauben, der zum Wissen wird. Der Begriff Gewissen (lat.: *conscientia*, griech.: *syneídesis*; also ein Wort, das mit der Vorsilbe *„con"* oder *„syn"* gebildet ist, die „mit, zusammen, gemeinsam" bedeutet) bezeichnet ein Wissen, das nicht Frucht von individuellen Anstrengungen ist, sondern ein „gemeinsames" Wissen. In der christlichen Tradition wird diese Bedeutung in einem weiteren Sinn verwendet und bezieht sich nicht nur auf die Gnade, die eigenen Sünden zu erkennen. Für den Christen geht es vielmehr um das Verständnis dessen, was vor allem im eigenen Leben geschieht, das mit Gott gelebt wird und das durch ihn wirkt. Das christliche Leben verwirklicht sich im Heiligen Geist, durch die Liebe Christi, und wird von seinem Wort erleuchtet. Für den Gläubigen ist das Bewusstsein bezüglich seiner selbst und der Welt also ein Akt von geistlicher Unterscheidung. Die Bildung des Gewissen erscheint als eine Aufgabe, die dringender denn je ist. Jeder Gläubige sollte sich an ihr beteiligen, und eine besondere Aufmerksamkeit sollte ihr seitens der Beichtväter, der geistlichen Begleiter, der Eltern und aller Erzieher zukommen. Man kann unschwer feststellen, wie in unserer Gesellschaft, die so oft geprägt ist von ernsten Anzeichen menschlicher und auch moralischer Verkümmerung, sehr viele Gewissen ungut von der öffentlichen Meinung bestimmt werden und fast eingeschläfert oder resigniert sind in einer Art von friedlicher Unschuld, sodass sie meinen, es wäre genug, „ein bisschen gut zu sein", „nicht zu morden und nicht zu stehlen", „niemandem Böses zu tun", um es dann dem Beichtvater zu überlassen, „ein bisschen was für den Rest zu tun". Die Unfähigkeit, das eigene Gewissen zu erforschen, ist ein schwerwiegender Widerspruch der Menschen unserer Zeit: Es ist eine Art von Krankheit, die das Wirken der vom Heiligen Geist geschenkten erleuchtenden Gnade verhindert, sei es, indem sie das Verständnis der authentischen Würde des Menschen verdunkelt, sei es, indem sie die Entdeckung der Wahrheit der eigenen Sünde verhindert, damit sie vergeben werden kann.

Die alte Tradition hat versucht, „Gottes Stimme in uns" zu definieren, und dabei das Gewissen als eine Teilhabe des Menschen an Gott entdeckt. Durch dieses Konzept wird auch der absolut unverletzliche Charakter des Gewissens verankert, der es über jegliches menschliche Gesetz stellt. Die Forderung nach einem solchen direkten Band zwischen Gott und dem Menschen verleiht ihm nicht nur eine absolute Würde, sondern auch vollständige Freiheit gegenüber allem, was ihn zu etwas zwingen will oder versucht, seine Entscheidungen zu manipulieren. Genau deshalb, weil Gott im Gewissen gegenwärtig ist, wird dieses zu einem Instrument der menschlichen Freiheit, die mit Unterstützung der Gnade das Gute und das Wahre sucht. Als inneres Instrument des Menschen muss es wachsen, um das zu werden, was es ist, muss gebildet und geformt werden, muss sich üben. Um nicht zu schrumpfen oder sich zu verformen, braucht es die Hilfe von außen: durch das Wort Gottes, das in der nie unterbrochenen Überlieferung lebendig ist, durch Rat, offene und aufrichtige Konfrontation, Schweigen und Reflexion, durch Gebet. Das Gewissen braucht Bildung und Erziehung, enthüllt unsere Identität, schafft einen Lebensstil, zeigt die persönliche Reife an sowie eine Sensibilität für moralische und soziale Instanzen. Im Gegensatz dazu kann der Verlust oder das Verstummen des Gewissens die Krankheit werden, die nicht nur das Glaubensleben, sondern eine ganz Zivilisation vergiftet.

Wie bildet sich das Gewissen? Indem es dazu geführt wird, einen Weg zu gehen, der hineinleitet in die Wahrheit des Menschen, die Wahrheit, Bild Gottes zu sein. In dieser Perspektive ist die Anerkennung der eigenen Sünden (jede Sünde ist eine verfälschte Vision von sich selbst, den anderen, der Welt und von Gott) nur eine Etappe des großen Weges der Selbsterkenntnis und der Gotteserkenntnis, ein Weg, der sehr anstrengend ist, aber zugleich schön und faszinierend. Der Katechismus der Katholischen Kirche erinnert daran, dass das Gewissen gebildet, erzogen, ausgerichtet und richtig orientiert wird, wenn „es sich nach der Weisheit des Schöpfers richtet" (KKK 1783), und dass diese Erziehung „eine lebenslange Aufgabe" ist (KKK 1784). Das Wissen „zusammen mit" Gott erleuchtet das Wissen über sich selbst, denn das Ich ist sich niemals völlig seiner selbst bewusst, wenn es nicht in Beziehung zu Gott steht. Dieses Wissen „zusammen mit Gott" bedeutet, sich selbst in Christus zu wissen, durch das Licht des Heiligen Geistes. Deshalb ist es ein Wissen, das die „Freiheit gewährleistet und zum Frieden des Herzens führt" (KKK 1784). Die Gewissensbildung entsteht und entwickelt sich also aus der Begegnung mit Christus, wird durch sein Wort erleuchtet, nährt sich aus ihm und führt dazu, die Werke zu verrichten, die der Geist eingibt. Der Glauben existiert nicht ohne die Werke, und die Erlösung existiert nicht ohne Heiligung. Daher reift das Gewissen innerhalb einer positiven und realistischen Sicht der menschlichen Verfasstheit, die jedes falsche Bild von Gott und von sich selbst demaskiert. Unterscheidungen vorzunehmen lernen bedeutet, sich in Gewissenserforschung und Bewertungen zu üben. Es geht entscheidend darum, den Schwerpunkt der eigenen Existenz in Christus zu haben, nicht in sich selbst, und der Gnade Gottes zu erlauben, in uns und durch uns zu handeln und zu wirken. Dann bleibt man wachsam für das, was nicht befreit, also das, was in uns Unordnung schafft, was nicht hingeordnet ist auf unsere Berufung als Kinder Gottes. Als Beichtväter und geistliche Begleiter, denen die Gläubigen ihr Gewissen öffnen und von denen sie einen erleuchteten Rat erbitten, haben die Priester die große Verantwortung, die mit ihrem Dienst als Meister des geistlichen Lebens zusammenhängt. Sie selbst benötigen also eine aufmerksame Erziehung zur Unterscheidung der Geister", eine Erziehung, die, ausgehend von der Ausbildung in den Priesterseminaren, in der Ausübung ihres Amt wachsen und sich vervollkommnen muss, auch durch Austausch mit ihren Mitbrüdern über Fragen der heutigen Gesellschaft, über die größten Probleme, auf die sie bei der Gewissenserziehung stoßen, und über die allgemeinen Richtlinien, von denen sie meinen, dass sie am stärksten betont werden müssen. Für sie und für alle Gläubigen muss klar werden, dass das Gewissen geformt wird, wenn es die Gestalt Christi annimmt, seine Gefühle übernimmt und sich seine Art zueigen macht.

Wo soll man bei der Erziehung des Gewissens beginnen? Bei der Aufmerksamkeit für die konkreten Dinge. Papst Franziskus hat die Gläubigen aufgefordert, die alte, „aber ganz gute" Praxis der Gewissenserforschung wieder aufzunehmen. Sie „ist eine Gnade, denn unser Herz zu behüten, bedeutet, den Heiligen Geist zu behüten, der in uns ist" (Homilie in der Kirche Santa Marta, 10. Oktober 2014). Der Geist spornt die Gläubigen an, das Wort vom Heil im täglichen Leben Fleisch werden zu lassen. Es geht nicht darum, große Reden zu halten oder tiefgründige Spekulationen anzustellen: „Sehr gut, du bist ein tüchtiger und treuer Diener. Du bist im Kleinen ein treuer Verwalter gewesen, ich will dir eine große Aufgabe übertragen. Komm, nimm teil an der Freude deines Herrn" (Mt 25,21). Das Gewissen bildet sich, während es beobachtet und erleuchtet. Es bleibt nicht bei der Feststellung der Sünde stehen, sondern unterscheidet zwischen den Gedanken und zwischen den Gefühlen, die aufgekommen sind, denn die Gedanken und Gefühle sind oft die verborgensten Regungen unseres Ichs. Durch die Beobachtung der konkreten Einzelheiten kann der Christ erkennen, wohin und zu was oder wem es ihn treibt, und so versteht er, zu was er selbst wird. So findet der Sünder in der rettenden Begegnung mit Christus, im Hören und im Beten seines Wortes, in der Beziehung mit der kirchlichen Gemeinde, im Austausch mit den anderen und mit der ihn umgebenden Wirklichkeit zurück zu seinem Bild als geliebter Sohn, dem verziehen wird. Er gelangt dann dazu, dieser Sohn im *Sohn* zu sein, und diese Erkenntnis öffnet ihn für den Wunsch eines immer glücklicheren Lebens.

Für den Sinn der Buße erziehen

Für die christliche Gemeinde und für die einzelnen Gläubigen ist das Jubiläum der Barmherzigkeit eine gute Gelegenheit, den Wert und die Schönheit des Versöhnungssakraments wiederzuentdecken. Es ist wünschenswert, bei der Planung des Seelsorgejahres Katechesetreffen und verschiedene Veranstaltungen vorzusehen, die vom Thema der Barmherzigkeit Gottes ausgehen und helfen, einen angemessenen Kontext zu skizzieren, der die Annäherung an dieses Sakrament fördert. Aber alle Bemühungen, so lobenswert sie auch sein mögen, werden weder genügen noch dauerhafte Früchte bringen, wenn wir als Kirche uns nicht die wichtigste aller Fragen stellen, nämlich die, wie man heute für den Sinn der Buße erziehen soll. Es kann kein Zweifel daran bestehen, dass dies in unseren Tage wenig beachtet wird, was dazu führt, dass bei vielen die Bußdimension des christlichen Lebens dabei ist, völlig verloren zu gehen. Allmählich, aber auch unvermeidlich wird dieser Verlust das Bewusstsein dafür auflösen, dass die Gnade ein freies Geschenk ist, und wird dazu führen, die Sakramente im Allgemeinen und das Versöhnungssakrament im Besonderen zu vernachlässigen, wenn nicht ganz aufzugeben. Wenn der Mensch sich nicht mehr als Sünder anerkennt, tut er nichts, um die Sünde zu vermeiden oder ihr ein Heilmittel entgegenzusetzen, und wird die Heilsgnade für entbehrlich halten. In diesem Fall verliert der Gläubige das Bewusstsein für das Ostern des Herrn und für den Grund seines Kreuztodes. Sein Glaubensleben wird ihm entleert erscheinen, der Vitalität beraubt, ohne Enthusiasmus, lediglich eine traurige Lebensgewohnheit. Im Gegensatz dazu spricht die christliche Aszese vom Sinn der Buße als von einem „geistlichen Kampf", durch den das Herz, der Geist und der Wille des Jüngers wachsam und aufmerksam bleiben. Das ist ein notwendiger Weg, um die Persönlichkeit des Gläubigen zu stärken, um sich zu prüfen, um konkret die „Qualität" der Beziehung zum Herrn zu messen, und es ist vor allem eine freudige Antwort auf die Gnade, die Gott mit vollen Händen austeilt. In diesem Sinn ist eine autobiografische Passage des heiligen Paulus aufschlussreich:

Doch was mir damals ein Gewinn war, das habe ich um Christi willen als Verlust erkannt. Ja, noch mehr: Ich sehe alles als Verlust an, weil

die Erkenntnis Christi Jesu, meines Herrn, alles übertrifft. Seinet-
wegen habe ich alles aufgegeben und halte es für Unrat, um Christus
zu gewinnen und in ihm zu sein. [...] Nicht, dass ich es schon erreicht
hätte oder dass ich schon vollendet wäre. Aber ich strebe danach, es
zu ergreifen, weil auch ich von Christus Jesus ergriffen worden bin
(Phil 3,7–12).

Der Apostel, der schon in hohem Alter steht und in Rom
gefangen ist, erneuert seine Gefühle der Zuneigung und Anerkennung gegenüber den Christen von Philippi, der ersten
mazedonischen Gemeinde, die er in Europa gegründet hatte.
So schreibt er einen Brief, der das Band der Nächstenliebe und
Liebe stärkt, das ihn mit den Philippern verbindet. Er macht
eine indirekte Anspielung auf sein Damaskuserlebnis, jenes
Ereignis, das ihn zum Glauben an Christus brachte, und
betont, wie stark in ihm die Gnade jener Begegnung gewirkt
hat und wie groß die neue Lebendigkeit ist, die daraus entspringt. Von jenem Augenblick an war ihm das, was er als
einen großen Gewinn betrachtet hat, als „Unrat" erschienen,
und nun ist er ganz darauf ausgerichtet, „Christus zu gewinnen und in ihm zu sein" (V. 8.9). Es ist genau diese starke und
herrliche Spannung, die wiederentdeckt werden muss. Der
Sinn der Buße öffnet das Gewissen für den Sinn der Sünde,
erweckt den Schmerz über die eigenen Verfehlungen, motiviert zur Wiedergutmachung des begangenen Bösen und
bereitet dazu, sich mit großzügigem Herzen all dem Guten zu
öffnen, zu dem der Herr uns inspiriert, damit wir immer „in
Christus" sind. Das Damaskusereignis hat das Leben des Paulus neu orientiert, und nun bemüht er sich, den Christus, der
ihm erschienen ist, zu „gewinnen", d. h. zu erobern. „Erobern"
oder „gewinnen" ist das Verb der Verliebten: Wird es dem Ver-

liebten gelingen, die Geliebte zu erobern? Alles, was er bis dahin mit starker Intensität gelebt hat, wird als Verlust beurteilt, weil es etwas Wichtigeres gibt, das ihn antreibt: „Christus zu gewinnen" ist fundamental. Und man gewinnt ihn, wenn man „in ihm gefunden wird". Für den Apostel standen zuerst das Gesetz und daher der ihm geschuldete Gehorsam im Mittelpunkt. In seinem neuen Universum, das ihm die Gnade eröffnet hatte, steht im Mittelpunkt der auferstandene Christus, der ihn ruft.

Ein letzter Vers: Auf das Kennen und Sichangleichen folgt das „Streben" (V. 12). Paulus will Jesus erobern, weil er von ihm schon erobert worden ist. Der Glauben ist Wieder-(Er) kennen: ein erneutes (Er)kennen dessen, was man schon gekannt hat. Einerseits handelt es sich um ein fortwährendes Sichoffenbaren, andererseits um das fortwährende Wiedererkennen. Kurz gesagt ist es eine unerschöpfliche, dynamische und herausfordernde Beziehung. Die Christen sind niemals schon am Ziel: Sie „laufen" ihm entgegen, unabhängig von ihrem Alter, ihren Kräften und Energien, von Erfolgen und Misserfolgen; sie „laufen" in der Geschichte, wie Paulus durch den gesamten Mittelmeerraum „läuft", überall dort, wo man Christus begegnen möchte, überall, wo die Menschheit das Antlitz des Gekreuzigten zeigt oder tröstende Worte braucht oder eine Hand zur Hoffnung ausstreckt oder in ihrer Würde beeinträchtigt ist. Die Christen laufen und eilen, vergessen, was hinter ihnen liegt, vergessen die Mühen, die Probleme von Unverständnis, die Misserfolge und strecken sich einzig nach dem Ziel aus, stets ganz „in Christus zu sein". In letzter Instanz bewirkt die Bußdimension des christlichen Lebens nichts anderes als die Hilfe, den Mittelpunkt der eigenen Existenz in Christus zu errichten und nicht in sich selbst, als die Möglichkeit, dass Gottes Gnade in uns und durch uns wirkt und handelt. Papst Johannes Paul II. erklärte das so: „Es geht hier darum, die Schlichtheit des Denkens, des Willens und des Herzens wiederzugewinnen, die unerlässlich ist, um im Inneren des eigenen „Ichs" Gott zu begegnen" (Generalaudienz am Aschermittwoch, 28. Februar 1979). In der wahren Buße tun wir nur eines: Seinem Handeln in uns Raum geben. Und das ist genau die Dynamik, die jede echte Liebesbeziehung charakterisiert: „Ja, Liebe ist ‚Ekstase', aber Ekstase nicht im Sinn des rauschhaften Augenblicks, sondern Ekstase als ständiger Weg aus dem in sich verschlossenen Ich zur Freigabe des Ich, zur Hingabe und so gerade zur Selbstfindung, ja, zur Findung Gottes" (Benedikt XVI., *Deus caritas est, Über die christliche Liebe*, 6). Das ist der Weg, der direkt dazu führt, das Bußsakrament zu suchen und zu lieben. Der Katechismus der Katholischen Kirche führt viele Formen von Buße und Bußhaltungen auf, welche die Umkehr fördern. Auf diese Weise kann die seelsorgerische Fantasie zurückgreifen, um Vorschläge auf individueller und auf Gemeindeebene zu kombinieren, von den eher klassischen Vorschlägen des Fastens, Gebetes und Almosengebens zu anderen Aufforderungen, die sich ausdrücken können in der Praxis der Nächstenliebe, in Versöhnungsgesten, Armenfürsorge, Einsatz zum Schutz von Recht und Gerechtigkeit, brüderlicher Zurechtweisung, Lektüre der Heiligen Schrift, Exerzitien, Bußliturgien und Bußwallfahrten (vgl. KKK 1434–1438).

Die Versöhnung leben

Gottes Vergebung erschöpft sich nicht im reuigen Sünder, sondern durch ihn erstreckt sie sich auf die ganze Gemeinde, verwandelt die zwischenmenschlichen Beziehungen und prägt der ganzen Kirche einen Lebensstil auf, der sie als „Volk Gottes" kennzeichnet. Der Epheserbrief ermahnt leidenschaftlich:

Beleidigt nicht den Heiligen Geist Gottes, dessen Siegel ihr tragt für den Tag der Erlösung. Jede Art von Bitterkeit, Wut, Zorn, Geschrei und Lästerung und alles Böse verbannt aus eurer Mitte! Seid gütig zueinander, seid barmherzig, vergibt einander, weil auch Gott euch durch Christus vergeben hat (Eph 4,30–32).

Der Ausdruck „den Geist beleidigen" erinnert an einen Jesaja-Text (63,8–10), der die aufsässige Haltung der Israeliten dem Herrn gegenüber anprangert, der sie „in Liebe und Mitleid" gerettet hat. Auf diese Weise verleugnen sie ihre eigene Identität als auserwähltes Volk, das durch Gottes Liebe erworben wurde. Durch die Anspielung auf Jesaja erinnert der Epheserbrief die Christen daran, dass sie durch die Taufe eingegliedert wurden in den Heilsplan Gottes, dank der Gabe des Geistes. Ein verwerfliches Verhalten widerspricht also der empfangenen Gabe und dem erlösenden Handeln Gottes. Den Geist beleidigen bedeutet, ihn dieses nicht zur Erfüllung bringen zu lassen, und geschieht daher, wenn die Forderungen der brüderlichen Liebe missachtet werden. Die Epheser werden stattdessen zu einer verantwortlichen Haltung der Mitwirkung an Gottes Heilsplan aufgerufen, der sich in der Geschichte verwirklicht. Deshalb werden die Gläubigen ermahnt, aus der kirchlichen Gemeinschaft insbesondere all das zu entfernen, was Ausdruck von Gegensatz zu der Solidarität bedeutet, die stattdessen in ihr herrschen soll. Fünf synonyme Ausdrücke aus dem Bedeutngsfeld des Zorns werden so angeordnet, dass sie einen gewissen Fortschritt zeigen in den Haltungen, welche die zwischenmenschlichen Beziehungen untergraben und die Brüderlichkeit des Glaubens sprengen. Es handelt sich um Verhaltensweisen, die unvereinbar sind mit dem in der Taufe empfangenen Status von neuen Menschen. In ihnen muss dieselbe Großherzigkeit und Großmütigkeit Wohnung nehmen, die Gott ihnen in Christus erwiesen hat. Deshalb folgt in der Antithese die Aufforderung, Haltungen von gegenseitiger Annahme zu übernehmen, die in der gegenseitigen Vergebung ihren Höhepunkt finden. Die Begründung erscheint im letzten Vers: Der Gläubige kann annehmen und vergeben, weil er weiß, dass vor allem anderen ihm selbst von Gott bedingungslose Annahme und Vergebung gewährt worden sind. Die Vergebung ist also ein Gut, das umsonst empfangen wurde, um es mit den Geschwistern zu teilen. Es ist diese tiefe Selbsterkenntnis des Glaubens, welche die Solidarität zum wichtigsten Kennzeichen der christlichen Gemeinde macht, sowohl in den eigenen internen Beziehungen als auch in der Weise, wie sie der Welt begegnen. Indem die Kirche die ihr von Gott geschenkte Versöhnung mit der Hilfe des Heiligen Geistes lebt, wird sie zu deren Verkünderin und Spenderin für die ganze Welt: Darin strahlt ihr Zeugnis.

Der heilige Paulus erinnert die Galater daran, was es bedeutet, in der Welt durch den Geist des Auferstandenen motiviert zu leben: „Die Frucht des Geistes aber ist Liebe, Freude, Frieden, Langmut, Freundlichkeit, Güte, Treue, Sanftmut und Selbstbeherrschung" (Gal 5,22). Die Aufzählung zeigt die Wege, die der Geist dem Gläubigen vorzeichnet. Die Frucht ist einzigartig und schafft Einheit im neuen Leben des Christen, aber das zeigt sich in verschiedenen Formen, vor allem in der *agápē,* der großherzigen Liebe, die von Gott kommt. Das bringt jene „Freude" mit sich, die den tiefsten Sehnsüchten des Menschenherzens entspricht, das dazu geschaffen wurde, geliebt zu werden und zu lieben. Und zusammen mit der Freude bringt es auch den „Frieden", der mit dem Willen Gottes vereint und es erlaubt, Ungeordnetheiten und Konflikte zu überwinden, weil er zu Wohlwollen und Einmütigkeit aufruft. Die Aufzählung geht mit detaillierteren Aspekten weiter: die *Geduld*, die zu warten und zu ertragen weiß; die *Freundlichkeit*, die für die Begegnung öffnet; die *Güte*, die zum Dienst bereit macht; die *Treue*, die standhalten lässt und auf die man sich verlassen kann; die *Sanftmut*, die den Gebrauch von Gewalt ausschließt; die *Selbstbeherrschung* gegenüber jeder Form von Zügellosigkeit und von Wut. Alle diese Aspekte der „Frucht" des Geistes betreffen den Gläubigen in seinen Beziehungen zu anderen und bilden daher eine Art von Gewissenserforschung für alle christlichen Gemeinden. Das Gnadenhandeln der Vergebung Gottes gelangt nicht zu seiner Erfüllung, wenn nicht Formen gefunden werden, den Geist in der Konkretheit des Lebens fruchtbar zu machen. Die Bereiche, in denen versöhnendes Handeln angebracht ist, sind wahrhaft ohne Zahl und betreffen die ganze menschliche Existenz und Tätigkeit: vom persönlichen Leben, in dem unterschiedliche Grade von entfremdenden Situationen existieren können, bis zu den Partnerbeziehungen, die sich bemühen, eine echte Liebe auszudrücken; von der Familienrealität, die immer mehr in ihrer Identität bedroht ist, bis zu den Generationenbeziehungen, in denen Konflikte und Formen von Unverständnis aufkommen, von der Arbeits- und Wirtschaftswelt, die von Krisen und tiefen Gegensätzen geprägt ist, bis zur gesellschaftlichen Situation, wo immer mehr Bedürftigkeit und Armut herrschen; von der politischen

Situation, die so oft von Interessen kleiner Gruppen bestimmt wird, bis zum internationalen Kontext, der vor der Macht der reichen Nationen über die armen geprägt ist; von den Kriegen, die viele Teile der Welt verwüsten, bis zu den Spaltungen unter Christen und den Formen von Unverständnis zwischen den Anhängern verschiedener Glaubensgemeinschaften. Bei diesem großen Programm, dessen Elemente miteinander verknüpft sind, ist die ganze Kirche, in all ihren Gemeinden und in all ihren Gläubigen, dazu aufgerufen, das Zeugnis eines versöhnten Lebens und den Dienst eines versöhnenden Handelns anzubieten:

In dem Maße, in dem die Christen Gott dankbar und treu sind bezüglich der großen Versöhnungsgabe, die sie empfangen haben, werden sie zu lebendigen Zeugen und Quellen von Versöhnung innerhalb der alltäglichen Existenz. Die Versöhnung mit Gott wird so zur Quelle von brüderlicher Versöhnung – in der kirchlichen Gemeinde und in der menschlichen Gesellschaft –, die insgesamt empfangene Gnade ist, aber auch eine Verantwortung, welche die Christen im Bezug zur Welt übernehmen. Die Spannungen und die Spaltungen, die immer noch auf der Welt lasten – der großen und der kleinen Welt, in welcher die Christen als Einzelne und als Gemeinde leben –, werden so eine Herausforderung für die, die die Gabe der Versöhnung empfangen haben: Befreit von der Sünde für die Gnade Christi und zusammen mit allen Menschen guten Willens können sie in der Welt Täter von Gerechtigkeit und Frieden sein (Italienische Bischofskonferenz, *Die Versöhnung und die Buße in der Sendung der Kirche*, Nr. 42).

Der Dienst an der Versöhnung ist eine Berufung, die jeden Einzelnen von uns betrifft, und diese Berufung ist stets auf allen Ebenen und trotz der Komplexität der Spaltungen aktuell. Einige besonders dringende Aspekte sollen aber noch hervorgehoben werden.

Die Versöhnung im Schoß der Gemeinde

Im Schoß der christlichen Gemeinde muss eine erste Überprüfung zum Thema der Versöhnung geschehen. Die Einheit, welche die Kirche charakterisiert, ist weder das Ergebnis von mehr oder weniger erfolgreichen Bemühungen ihrer Mitglieder, noch wird sie durch kirchenrechtliche Vorschriften oder durch eine in der Überlieferung gereifte Disziplin auferlegt. Die Einheit gehört zu ihrem Ursprung: In der Taufe werden die Christen in Christus eingliedert, werden Glieder seines Leibes, lebendige Gläubige in der gläubigen Gemeinde, die aus Christus lebt. Es ist diese aus ihrem Ursprung kommende Einheit, die als empfangene Gabe anerkannt wird und die den Christen lehrt, die Gemeinschaft und die Versöhnung mit den Brüdern zu suchen und zu leben. Im Glauben schafft sie das Bewusstsein, dass kein Problem, kein Unverständnis, keine Verschiedenheit (von Kultur, Rasse, politischer Meinung, Klasse usw.) Grund genug ist, von Christus und daher von seinem Leib zu trennen, der die Kirche ist. Stattdessen, und gegen allen Anschein, wird diese Einheit stets geglaubt und bekannt als der zentrale Ausdruck des Glaubens an den gekreuzigten und auferstandenen Herrn. Sie drückt sich aus in zwei fundamentalen Haltungen: die Suche nach denen, die sich entfernt haben, und die brüderliche Zurechtweisung.

a) Fehlende suchen

Es mag als Selbstverständlichkeit erscheinen, aber in der christlichen Gemeinde gibt es stets jemand, der fehlt, und manchmal ist diese Leere derart stark, dass sie die Verbleibenden entmutigt. Auch in zahlenmäßig größeren Gemeinden gibt es immer Leerstellen, die durch die verursacht werden, die weggehen: Wir sind eine verwundete Gemeinschaft. Im Gleichnis vom verlorenen Schaf führt Jesus die Erzählung ein mit einer Frage: „Wer von euch, der hundert Schafe hat und eins davon verliert, lässt nicht die anderen neunundneunzig in der Steppe zurück und geht dem verlorenen nach, bis er es findet?" (Lk 15,4). Im Allgemeinen beginnen die biblischen Auslegungen bei der Aktion, die der Hirte unternimmt, und schließen mit der Betonung der Freude über das Wiederfinden des verlorenen Schafes. Manchmal aber müssen wir auch den Blickwinkel der Herde übernehmen, die der Hirte in einer Wüste ohne Stall, ohne Schutz und ohne irgendeine Fürsorge zurücklässt, um nach einem einzigen zu suchen. Was wird aus den neunundneunzig, die alleingelassen wurden? Sie werden Angst haben, einen Zufluchtsort suchen. Aber in der Wüste gibt es keinen anderen Schutz, als hinter dem Hirten herzuziehen, der sich schon auf den Weg gemacht hat. Ihre Sicherheit wird nicht in der Abgeschlossenheit eines Raums liegen, sondern darin, dort zu sein, wo ihr Hirte ist, und der wird immer dort sein, wo sie das verirrte Schaf finden werden. Die Nachfolge des Auferstandenen ist unvermeidlich ein Weg der Geschwisterlichkeit, für alle. In Jesu Sicht und auch in der Sicht der Kirche gibt es keinen Verlust von Schafen, mit denen man sich abfindet; es gibt nur Schafe, die „wiedergefunden" und zur Gemeinde der Brüder und Schwestern zurückgeführt werden. Keine Distanz kann den Hirten fernhalten; keine Herde kann also auf einen Bruder verzichten. Wir haben keine Alternative: Der Hirte muss dort gesucht werden, wo er gefunden werden will, wo seine Freude vollkommen ist.

b) Die brüderliche Zurechtweisung

Das Jubiläum der Barmherzigkeit möchte vor allem als Versöhnung im Innern der christlichen Gemeinde verstanden werden, als eine Sendung *ad intra*, als ein Weg von Entdeckung und Umkehr innerhalb der eigenen Identität als universelle Heilsgemeinde, weil das Evangelium in jedem Menschen den ganzen Menschen erreicht. Auf diesem Weg spielt die „brüderliche Zurechtweisung" eine besonders wichtige Rolle und ist nicht leicht zu verwirklichen. Das hat auch Papst Franziskus anerkannt:

Die wahre brüderliche Zurechtweisung ist schmerzlich, weil sie mit Liebe geschieht, in Wahrheit und mit Demut [...]. Ohne Liebe und ohne Nächstenliebe kann man keinen Menschen zurechtweisen. Man kann keinen chirurgischen Eingriff vornehmen ohne Betäubung: Man kann das nicht, weil der Kranke dann vor Schmerzen sterben würde. Und die Nächstenliebe ist wie eine Betäubung, die hilft, die Heilung zu empfangen und die Zurechtweisung zu akzeptieren. Den Menschen beiseite nehmen, mit Milde, mit Liebe, und mit ihm sprechen [...]. Es stimmt, wenn ich dir die Wahrheit sage, ist es nicht angenehm, sie zu hören, aber wenn sie mit Nächstenliebe und mit Liebe gesagt wird, ist es leichter, sie zu akzeptieren (Homilie in der Kirche Santa Marta, 12. September 2014).

Bei seiner Ermahnung der Galater untersucht der heilige Paulus das Problem, wie man sich einem Gemeindeglied gegenüber verhalten soll, das eine Schuld auf sich geladen hat: „Wenn einer sich zu einer Verfehlung hinreißen lässt, meine Brüder, so sollt ihr, die ihr vom Geist erfüllt seid, ihn im Geist der Sanftmut wieder auf den rechten Weg bringen. Doch gib Acht, dass du nicht selbst in Versuchung gerätst" (Gal 6,1).

Statt eines strengen Tadels empfiehlt der Apostel die Milde und untermauert diese Haltung mit Überlegungen zur eigenen moralischen Gebrechlichkeit, also über die Gefahr, die alles andere als hypothetisch ist, selbst einmal in Versuchung zu geraten. Mit dem Geist der Sanftmut korrigieren bedeutet, auf den rechten Weg zurückzubringen. Die Wiedergewinnung des Bruders, der sündigt, ist also die Aufgabe der ganzen Gemeinde und schließt nicht aus, dass jeder persönlich das Gewissen erforschen muss, um nicht seinerseits zu straucheln. Paulus nennt die Christen in Galatien „Geistliche" (*oi pneumatikoí*), also Menschen, die durch den Geist leben, und ruft sie deshalb dazu auf, gemäß des Geistes zu handeln und der Gemeinde ihre „geistliche" Hilfe zu garantieren. Die Berufung zur Versöhnung ist also eine Berufung zu einem Handeln, das für alle Gläubigen gilt. Die ganze Gemeinde hat den Geist empfangen und ist so befähigt, denen die Umkehr zu bringen, die geirrt und gesündigt haben.

Die brüderliche Zurechtweisung zielt genau auf die Versöhnung zur Erbauung der Gemeinde. Wenn die Briefe des Neuen Testamentes von den ersten christlichen Gemeinden sprechen, erwähnen sie zahlreiche Ausdrucksformen von Solidarität, in denen wie ein Refrain immer wieder die „gegenseitige" Verbindung, das Band „untereinander" vorkommt. So wird die Umgebung beschrieben, in der brüderliche Zurechtweisung angemessen geschehen kann: sich in gegenseitiger Achtung übertreffen (Röm 12,10), untereinander eines Sinnes sein (Röm 12,16), einander annehmen (Röm 15,7), aufeinander warten (1 Kor 11,33), einander in Liebe dienen (Gal 5,13), gegenseitig die Lasten tragen (Gal 6,2), einander trösten (1 Thess 5,11), in Frieden miteinander leben (1 Thess 5,13), einander Gutes zu tun suchen (1 Thess 5,15), einander ertragen (Eph 4,2), gütig und barmherzig zueinander sein (Eph 4,32), einander untergeben sein (Eph 5,21), einander vergeben (Kol 3,13), füreinander beten (Jak 5,16), einander tief lieben (1 Petr 1,22), gegenseitige Gastfreundschaft gewähren (1 Petr 4,9), einander in Demut begegnen (1 Petr 5,5), Gemeinschaft miteinander halten (1 Joh 1,7). Die Versöhnung setzt ein gegenseitiges Mitmachen voraus, eine gegenseitige Annäherung. Die brüderliche Zurechtweisung belebt das Gewissen eines jeden, damit die Umkehr der mächtige Antrieb für den Weg der christlichen Gemeinde sei: „Wir sind also Gesandte an Christi Statt, und Gott ist es, der durch uns mahnt. Wir bitten an Christi Statt: Lasst euch mit Gott versöhnen" (2 Kor 5,20). Zusammenfassend konkretisiert sich also für alle die versöhnende Sendung in der „Bemühung, die Einheit des Geistes zu wahren durch den Frieden, der euch zusammenhält" (Eph 4,3). Die Bußfeiern, die oft zur Vorbereitung der individuellen Beichte gefeiert werden, finden in diesen Schritten vorzügliche Bezugspunkte für die Überprüfung des Gemeindelebens.

In der Welt Täter der Versöhnung sein

Der Dienst der Versöhnung, zu dessen Realisierung die Kirche in der Welt berufen ist, ist weder leicht noch schmerzlos, vor allem für die Kirche selbst. Der Grund liegt nicht nur in der Komplexität und im Ausmaß dieser Sendung, sondern auch im tiefen Kontrast zwischen dem Evangelium der Vergebung und der Logik der Welt. Denn die Versöhnung entspringt dem Kreuz, und das macht den, der sich in ihren Dienst stellt, zum Teilhaber am Geheimnis des Erlösertodes Christi. Das Buch der Geheimen Offenbarung erzählt davon, wie sich das Heil des Herrn in der Welt ausbreitet, und zeigt den großen Unterschied zwischen der Verkündigung des Evangeliums und dem Denken der Welt. Das geht so weit, dass nur aus dem einfachen Grund, zu Christus zu gehören, sich in jeder Zeit für den Gläubigen der Raum der Prüfung und der Verfolgung öffnet. Dank der Taufe wird das Leben des Christen zum Zeugnis (griech. *martyría*) des Evangeliums vom Heil für die Versöhnung und das Friedenstiften unter den Menschen. Es ist ein Engagement, das nicht abgelehnt werden kann: Die Kirche ist keine Gemeinschaft von Helden und von Tollkühnen, aber sie flieht nicht in den Prüfungen und Verfolgungen. Sie ruft den Heiligen Geist an, den Geist des Friedens und der Versöhnung, um das eigene Leben zu retten, wenn das Gottes Plan entspricht. Auf jeden Fall ruft sie ihn an, um die Gabe der *parresía* zu haben, d.h. die Kraft der Freiheit und der Freimütigkeit für das Evangelium.

Ein unvergessliches Bild ist das der Apostel Petrus und Johannes, die zusammen mit der ganzen Gemeinde inmitten der Verfolgung das Lob des Herrn anstimmen: „Sieh auf ihre Drohungen und gib deinen Knechten die Kraft, mit allem Freimut dein Wort zu verkünden" (Apg 4,29). Am Ende des Gebetes bemerkt Lukas: Es „bebte der Ort, an dem sie versammelt waren, und alle wurden mit dem Heiligen Geist erfüllt, und sie verkündeten freimütig das Wort Gottes" (V. 31). Auch wenn es nicht zum Martyrium führt, beinhaltet das Zeugnis der Versöhnung, ins Feld zu ziehen mit einer demütigen, aber auch zähen Haltung, und bereit, nach dem Beispiel Jesu, auch selbst den Preis zu zahlen. Die unvermeidlichen Gegensätze, die durch die Sünde entstehen, bedingen die Mühe, jedes Mal neu die Anstrengung zu machen, sich zu verstehen; eine gewissenhafte Unterscheidung zwischen dem, was wesentlich ist, und dem, was zu einer legitimen Meinungsvielfalt gehört.

Sie beinhalten Respekt und Verständnis und auch, eine neue Haltung anzunehmen, die zur Grundlage der Beziehungen zwischen den Menschen werden muss, eine Haltung, die als Zentrum die Liebe hat, die Gottes Geist über jene ausgießt, die Jesus lieben.

Aber wenn alle Wege zur Versöhnung abgebrochen scheinen, was kann der Christ dann noch tun? Von Abraham bis zu Mose, zu den Psalmen, zu Jesus am Kreuz belegt die biblische Überlieferung die Kraft des *Fürbittgebetes*. Fürbitte halten bedeutet nicht einfach, für irgendwen zu beten, sondern, wie die Ethymologie des lateinischen Wortes *„intercessione"* andeutet, „einen Schritt in die Mitte" zu machen. Es bedeutet also, sich in eine Situation einzumischen, in sie einzutreten. Diese Einmischung bedeutet, dorthin zu gehen, wo der Konflikt stattfindet, und ohne zurückzuweichen zwischen den beiden Konfliktparteien zu stehen. Das Fürbittgebet streckt die Arme aus, von einer Partei zur anderen, um zu einen, zu versöhnen und zu befrieden: Das ist die Geste und Tat Jesu am Kreuz, eine Tat, in welcher der Sohn in sich selbst die unheilbare menschliche Situation mit Gott versöhnt. Die Kirche wurde aus dem Gebet geboren, lebt von ihm und glaubt fest an seine Wirksamkeit. Deshalb betet sie jeden Tag für die Vergebung der Sünden all ihrer Söhne und für die Umkehr der Sünder. Zu Beginn der Eucharistiefeier, beim Bußakt, bekennt sie die Sünden der ganzen Gemeinde und bittet „die selige [immerwährende] Jungfrau Maria, alle Engel und Heiligen, und euch, Brüder [und Schwestern], für mich zu beten bei Gott, unserem Herrn". Das Fürbittgebet charakterisiert sich als ein Mittel und Zeichen des innersten Bandes der Gemeinschaft, welche alle Christen untereinander eint. Durch die Stimme eines jeden Gläubigen erneuert und verewigt sich so in der Kirche das Geheimnis des *Sohnes*, der die Sünden aller Söhne auf sich genommen hat, um alle mit Gott zu versöhnen. Bei der Feier der heiligen Messe für Frieden und Versöhnung in Seoul hat Papst Franziskus in der Homilie an Folgendes erinnert:

Jesus verlangt von uns zu glauben, dass Vergebung die Tür ist, die zu Versöhnung führt. Indem er uns befiehlt, unseren Mitmenschen uneingeschränkt zu vergeben, fordert er uns auf, etwas absolut Radikales zu tun, doch er schenkt uns auch die Gnade, es zu vollbringen. Was aus menschlicher Sicht unmöglich, undurchführbar und manchmal sogar abstoßend erscheint, macht er möglich und fruchtbar durch die unendliche Kraft seines Kreuzes. Das Kreuz Christi offenbart Gottes Macht, jede Teilung zu überbrücken, jede Wunde zu heilen und die ursprünglichen Bande brüderlicher Liebe wieder herzustellen.

Das ist also die Botschaft, die ich euch zum Abschluss meines Besuches in Korea hinterlasse. Vertraut auf die Kraft des Kreuzes Christi! Empfangt seine versöhnende Gnade in euren eigenen Herzen und teilt diese Gnade mit anderen! (Homilie, 18. August 2014).

Inhalt